성구 해설

요한계시록

국학자료원

성구 해설

요한계시록

윤 경 환 목사

목차

계시록	성구	계시록	성구
70 페이지	52	114 페이지	72
71 페이지	53	115 페이지	73
72 페이지	53	116 페이지	73
73 페이지	54	117 페이지	74
76 페이지	54	118 페이지	75
80 페이지	55	119 페이지	76
81 페이지	56	121 페이지	76
82 페이지	57	122 페이지	77
83 페이지	58	123 페이지	77
84 페이지	59	124 페이지	78
85 페이지	60	125 페이지	79
86 페이지	62	127 페이지	81
95 페이지	62	128 페이지	84
96 페이지	63	129 페이지	85
97 페이지	64	131 페이지	87
98 페이지	64	132 페이지	87
99 페이지	65	133 페이지	87
101 페이지	65	134 페이지	89
102 페이지	67	135 페이지	92
105 페이지	68	136 페이지	92
107 페이지	70	137 페이지	95
109 페이지	71	138 페이지	95
113 페이지	72	139 페이지	97

계시록	성구	계시록	성구
140 페이지	98	178 페이지	120
145 페이지	100	179 페이지	121
146 페이지	100	180 페이지	123
147 페이지	101	181 페이지	123
148 페이지	102	182 페이지	124
149 페이지	102	185 페이지	125
150 페이지	103	186 페이지	126
151 페이지	104	192 페이지	126
152 페이지	105	194 페이지	127
156 페이지	106	195 페이지	128
157 페이지	107	197 페이지	129
158 페이지	108	198 페이지	130
159 페이지	108	199 페이지	130
160 페이지	110	200 페이지	131
164 페이지	111	201 페이지	132
165 페이지	111	202 페이지	133
166 페이지	113	203 페이지	134
167 페이지	113	208 페이지	135
168 페이지	114	209 페이지	136
169 페이지	115	211 페이지	137
170 페이지	116	212 페이지	138
171 페이지	117	213 페이지	139
172 페이지	117	214 페이지	139
173 페이지	118	215 페이지	140
174 페이지	118	218 페이지	142
175 페이지	119	219 페이지	142

계시록	성구	계시록	성구
220 페이지	144	263 페이지	166
221 페이지	146	264 페이지	166
223 페이지	146	265 페이지	167
225 페이지	147	266 페이지	169
226 페이지	148	267 페이지	170
227 페이지	148	269 페이지	170
228 페이지	149	271 페이지	171
229 페이지	151	272 페이지	172
230 페이지	152	273 페이지	172
234 페이지	153	274 페이지	173
235 페이지	154	275 페이지	173
236 페이지	156	276 페이지	174
237 페이지	157	281 페이지	175
238 페이지	158	282 페이지	176
239 페이지	158	284 페이지	177
243 페이지	158	285 페이지	178
246 페이지	159	286 페이지	178
250 페이지	160	289 페이지	179
251 페이지	160	290 페이지	179
253 페이지	161	292 페이지	181
256 페이지	161	294 페이지	182
258 페이지	162	295 페이지	183
259 페이지	163	296 페이지	183
260 페이지	163	297 페이지	184
261 페이지	164	298 페이지	185
262 페이지	164	300 페이지	185

■ 일러두기

1. 『복귀섭리로 본 요한계시록』 쪽수에 표기된 성구를 페이지 순으로 정리하였습니다.

2. 『복귀섭리로 본 요한계시록』 수록된 표는 **빨강 표시** 하였습니다.

3. 성경구절은 약어(예시〈**계 1:19**〉)표시 하였습니다.

10 페이지

재림주님 증거방식

요 10:25 예수께서 대답하시되 내가 너희에게 말하였으되 믿지 아니하는도다 내가 내 아버지의 이름으로 행하는 일들이 나를 증거하는 것이거늘

계 1:2 요한은 하나님의 말씀과 예수 그리스도의 증거 곧 자기가 본 것을 다 증언하였느니라

마 11:27 내 아버지께서 모든 것을 내게 주셨으니 아버지 외에는 아들을 아는 자가 없고 아들과 또 아들의 소원대로 계시를 받는 자 외에는 아버지를 아는 자가 없느니라

11 페이지

계 5:5 장로 중의 한 사람이 내게 말하되 울지 말라 유대 지파의 사자 다윗의 뿌리가 이겼으니 그 두루마리와 그 일곱 인을 떼시리라 하더라

계 1:1 예수 그리스도의 계시라 이는 하나님이 그에게 주사 반드시 속히 일어날 일들을 그 종들에게 보이시려고 그의 천사를 그 종 요한에게 보내어 알게 하신 것이라

계 1:19 그러므로 네가 본 것과 지금 있는 일과 장차 될 일을 기록하라

천년왕국설

계 20:4 또 내가 보좌들을 보니 거기에 앉은 자들이 있어 심판하는 권세를 받았더라 또 내가 보니 예수를 증언함과 하나님의 말씀 때문에 목 베임을 당한 자들의 영혼들과 또 짐승과 그의 우상에게 경배하지 아니하고 그들의

이마와 손에 그의 표를 받지 아니한 자들이 살아서 그리스도와 더불어 천 년 동안 왕 노릇 하니

계 20:6 이 첫째 부활에 참여하는 자들은 복이 있고 거룩하도다 둘째 사망이 그들을 다스리는 권세가 없고 도리어 그들이 하나님과 그리스도의 제사장이 되어 천 년 동안 그리스도와 더불어 왕 노릇 하리라

12 페이지

계 17:14 그들이 어린 양과 더불어 싸우려니와 어린 양은 만주의 주시요 만왕의 왕이시므로 그들을 이기실 터이요 또 그와 함께 있는 자들 곧 부르심을 받고 택하심을 받은 진실한 자들도 이기리로다

계 19:11 또 내가 하늘이 열린 것을 보니 보라 백마와 그것을 탄 자가 있으니 그 이름은 충신과 진실이라 그가 공의로 심판하며 싸우더라

13 페이지

계시록 해석유형

계 1:3 이 예언의 말씀을 읽는 자와 듣는 자와 그 가운데에 기록한 것을 지키는 자는 복이 있나니 때가 가까움이라

14 페이지

요한계시록에 대한 올바른 이해를 갖기 위해 간과해서는 안 될 내용

계 5:5 장로 중의 한 사람이 내게 말하되 울지 말라 유대 지파의 사자 다윗의 뿌리가 이겼으니 그 두루마리와 그 일곱 인을 떼시리라 하더라

요 16:12 내가 아직도 너희에게 이를 것이 많으나 지금은 너희가 감당하지 못하리라

요 16:25 이것을 비유로 너희에게 일렀거니와 때가 이르면 다시는 비유로 너희에게 이르지 않고 아버지에 대한 것을 밝히 이르리라

고전 13:12 우리가 지금은 거울로 보는 것 같이 희미하나 그 때에는 얼굴과 얼굴을 대하여 볼 것이요 지금은 내가 부분적으로 아나 그 때에는 주께서 나를 아신 것 같이 내가 온전히 알리라

계 5:9 그들이 새 노래를 불러 이르되 두루마리를 가지시고 그 인봉을 떼기에 합당하시도다 일찍이 죽임을 당하사 각 족속과 방언과 백성과 나라 가운데에서 사람들을 피로 사서 하나님께 드리시고

계 10:11 가 내게 말하기를 네가 많은 백성과 나라와 방언과 임금에게 다시 예언하여야 하리라 하더라

계 6:2 이에 내가 보니 흰 말이 있는데 그 탄 자가 활을 가졌고 면류관을 받고 나아가서 이기고 또 이기려고 하더라

계 9:15 네 천사가 놓였으니 그들은 그 년 월 일 시에 이르러 사람 삼분의 일을 죽이기로 준비된 자들이더라

계 17:14 그들이 어린 양과 더불어 싸우려니와 어린 양은 만주의 주시요 만왕의 왕이시므로 그들을 이기실 터이요 또 그와 함께 있는 자들 곧 부르심을 받고 택하심을 받은 진실한 자들도 이기리로다

계 1:1 예수 그리스도의 계시라 이는 하나님이 그에게 주사 반드시 속히 일어날 일들을 그 종들에게 보이시려고 그의 천사를 그 종 요한에게 보내어

알게 하신 것이라

계 22:6 또 그가 내게 말하기를 이 말은 신실하고 참된지라 주 곧 선지자들의 영의 하나님이 그의 종들에게 반드시 속히 되어질 일을 보이시려고 그의 천사를 보내셨도다

계 22:7 보라 내가 속히 오리니 이 두루마리의 예언의 말씀을 지키는 자는 복이 있으리라 하더라

계 22:12 보라 내가 속히 오리니 내가 줄 상이 내게 있어 각 사람에게 그가 행한 대로 갚아 주리라

계 22:20 이것들을 증언하신 이가 이르시되 내가 진실로 속히 오리라 하시거늘 아멘 주 예수여 오시옵소서

계 3:10 네가 나의 인내의 말씀을 지켰은즉 내가 또한 너를 지켜 시험의 때를 면하게 하리니 이는 장차 온 세상에 임하여 땅에 거하는 자들을 시험할 때라

계 1:7 볼지어다 그가 구름을 타고 오시리라 각 사람의 눈이 그를 보겠고 그를 찌른 자들도 볼 것이요 땅에 있는 모든 족속이 그로 말미암아 애곡하리니 그러하리라 아멘

계 7:2 또 보매 다른 천사가 살아 계신 하나님의 인을 가지고 해 돋는 데로부터 올라와서 땅과 바다를 해롭게 할 권세를 받은 네 천사를 향하여 큰 소리로 외쳐

계 19:7 우리가 즐거워하고 크게 기뻐하며 그에게 영광을 돌리세 어린 양의 혼인 기약이 이르렀고 그 아내가 예비하였으니

8 그에게 빛나고 깨끗한 세마포 옷을 입도록 허락하셨으니 이 세마포 옷은 성도들의 옳은 행실이로다 하더라.

9 천사가 내게 말하기를 기록하라 어린 양의 혼인 잔치에 청함을 받은 자들은 복이 있도다 하고 또 내게 말하되 이것은 하나님의 참되신 말씀이라 하기로

15 페이지

계 1:20 네가 본 것은 내 오른손의 일곱 별의 비밀과 또 일곱 금 촛대라 일곱 별은 일곱 교회의 사자요 일곱 촛대는 일곱 교회니라

계 10:7 일곱째 천사가 소리 내는 날 그의 나팔을 불려고 할 때에 하나님이 그의 종 선지자들에게 전하신 복음과 같이 하나님의 그 비밀이 이루어지리라 하더라

계 17:5 그의 이마에 이름이 기록되었으니 비밀이라, 큰 바벨론이라, 땅의 음녀들과 가증한 것들의 어미라 하였더라

계 17:7 천사가 이르되 왜 놀랍게 여기느냐 내가 여자와 그가 탄 일곱 머리와 열 뿔 가진 짐승의 비밀을 네게 이르리라

창 1:28 하나님이 그들에게 복을 주시며 하나님이 그들에게 이르시되 생육하고 번성하여 땅에 충만하라, 땅을 정복하라, 바다의 물고기와 하늘의 새와 땅에 움직이는 모든 생물을 다스리라 하시니라

창 2:4 이것이 천지가 창조될 때에 하늘과 땅의 내력이니 여호와 하나님이 땅과 하늘을 만드시던 날에

계 19:7 우리가 즐거워하고 크게 기뻐하며 그에게 영광을 돌리세 어린 양의 혼인 기약이 이르렀고 그의 아내가 자신을 준비하였으므로

16 페이지

계 1:3 이 예언의 말씀을 읽는 자와 듣는 자와 그 가운데에 기록한 것을
지키는 자는 복이 있나니 때가 가까움이라

계 22:6 또 그가 내게 말하기를 이 말은 신실하고 참된지라 주 곧 선지자
들의 영의 하나님이 그의 종들에게 반드시 속히 되어질 일을 보이시려고 그
의 천사를 보내셨도다

7 보라 내가 속히 오리니 이 두루마리의 예언의 말씀을 지키는 자는 복이
있으리라 하더라

계 22:18 내가 이 두루마리의 예언의 말씀을 듣는 모든 사람에게 증언하
노니 만일 누구든지 이것들 외에 더하면 하나님이 이 두루마리에 기록된 재
앙들을 그에게 더하실 것이요

19 만일 누구든지 이 두루마리의 예언의 말씀에서 제하여 버리면 하나님
이 이 두루마리에 기록된 생명나무와 및 거룩한 성에 참여함을 제하여 버리
시리라

계 1:4 요한은 아시아에 있는 일곱 교회에 편지하노니 이제도 계시고 전
에도 계셨고 장차 오실 이시며 그의 보좌 앞에 있는 일곱 영과

5 또 충성된 증인으로 죽은 자들 가운데서 먼저 나시고 땅의 임금들의 머
리가 되신 예수 그리스도로 말미암아 은혜와 평강이 너희에게 있기를 원하
노라 우리를 사랑하사 그의 피로 우리 죄에서 우리를 해방하시고

6 그 아버지 하나님을 위하여 우리를 나라와 제사장으로 삼으신 그에게
영광과 능력이 세세토록 있기를 원하노라 아멘

7 볼찌어다 구름을 타고 오시리라 각인의 눈이 그를 보겠고 그를 찌른 자들

도 볼터이요 땅에 있는 모든 족속이 그를 인하여 애곡하리니 그러하리라 아멘

8 주 하나님이 가라사대 나는 알파와 오메가라 이제도 있고 전에도 있었
고 장차 올 자요 전능한 자라 하시더라

9 나 요한은 너희 형제요 예수의 환난과 나라와 참음에 동참하는 자라 하
나님의 말씀과 예수의 증거를 인하여 밧모라 하는 섬에 있었더니

10 주의 날에 내가 성령에 감동하여 내 뒤에서 나는 나팔 소리 같은 큰 음
성을 들으니

11 이르되 너 보는 것을 책에 써서 에베소, 서머나, 버가모, 두아디라, 사
데, 빌라델비아, 라오디게아 일곱 교회에 보내라 하시기로

계 22:21 주 예수의 은혜가 모든 자들에게 있을지어다 아멘

17 페이지

계 19:1 이 일 후에 내가 들으니 하늘에 허다한 무리의 큰 음성 같은 것이 있어 이르되 할렐루야 구원과 영광과 능력이 우리 하나님께 있도다

계 19:2 그의 심판은 참되고 의로운지라 음행으로 땅을 더럽게 한 큰 음녀를 심판하사 자기 종들의 피를 그 음녀의 손에 갚으셨도다 하고

18 페이지

계 11:15 일곱째 천사가 나팔을 불매 하늘에 큰 음성들이 나서 이르되 세상 나라가 우리 주와 그의 그리스도의 나라가 되어 그가 세세토록 왕 노릇 하시리로다 하니

계 11:17 이르되 감사하옵나니 옛적에도 계셨고 지금도 계신 주 하나님 곧 전능하신 이여 친히 큰 권능을 잡으시고 왕 노릇 하시도다

계 15:7 생물 중의 하나가 영원토록 살아 계신 하나님의 진노를 가득히 담은 금 대접 일곱을 그 일곱 천사들에게 주니

계 15:8 하나님의 영광과 능력으로 말미암아 성전에 연기가 가득 차매 일곱 천사의 일곱 재앙이 마치기까지는 성전에 능히 들어갈 자가 없더라

19 페이지

계 21:12 크고 높은 성곽이 있고 열두 문이 있는데 문에 열두 천사가 있고 그 문들 위에 이름을 썼으니 이스라엘 자손 열두 지파의 이름들이라

20 페이지

도표로 전체 주제 요약

계 3:10 네가 나의 인내의 말씀을 지켰은즉 내가 또한 너를 지켜 시험의 때를 면하게 하리니 이는 장차 온 세상에 임하여 땅에 거하는 자들을 시험할 때라

22 페이지

1장부터 22장까지 도표로 요약정리

계 1:1 예수 그리스도의 계시라 이는 하나님이 그에게 주사 반드시 속히 일어날 일들을 그 종들에게 보이시려고 그의 천사를 그 종 요한에게 보내어

알게 하신 것이라

단 9:27 그가 장차 많은 사람들과 더불어 한 이레 동안의 언약을 굳게 맺고 그가 그 이레의 절반에 제사와 예물을 금지할 것이며 또 포악하여 가증한 것이 날개를 의지하여 설 것이며 또 이미 정한 종말까지 진노가 황폐하게 하는 자에게 쏟아지리라 하였느니라 하니라

23 페이지

창세기와 요한계시록의 비교

창 1:1 태초에 하나님이 천지를 창조하시니라

창 3:22 여호와 하나님이 이르시되 보라 이 사람이 선악을 아는 일에 우리 중 하나 같이 되었으니 그가 그의 손을 들어 생명 나무 열매도 따먹고 영생할까 하노라 하시고

23 여호와 하나님이 에덴 동산에서 그를 내보내어 그의 근원이 된 땅을 갈게 하시니라.

24 이같이 하나님이 그 사람을 쫓아내시고 에덴 동산 동쪽에 그룹들과 두루 도는 불 칼을 두어 생명 나무의 길을 지키게 하시니라

창 2:24 이러므로 남자가 부모를 떠나 그의 아내와 합하여 둘이 한 몸을 이룰지로다

창 3:16 또 여자에게 이르시되 내가 네게 임신하는 고통을 크게 더하리니 네가 수고하고 자식을 낳을 것이며 너는 남편을 원하고 남편은 너를 다스릴 것이니라 하시고창2:17선악을 알게 하는 나무의 열매는 먹지 말라 네가 먹는 날에는 반드시 죽으리라 하시니라

창 2:9 여호와 하나님이 그 땅에서 보기에 아름답고 먹기에 좋은 나무가 나게 하시니 동산 가운데에는 생명 나무와 선악을 알게 하는 나무도 있더라.

10 강이 에덴에서 발원하여 동산을 적시고 거기서부터 갈라져 네 근원이 되었으니

창 3:4 뱀이 여자에게 이르되 너희가 결코 죽지 아니하리라

5 너희가 그것을 먹는 날에는 너희 눈이 밝아져 하나님과 같이 되어 선악을 알 줄 하나님이 아심이니라

창 3:15 내가 너로 여자와 원수가 되게 하고 네 후손도 여자의 후손과 원수가 되게 하리니 여자의 후손은 네 머리를 상하게 할 것이요 너는 그의 발꿈치를 상하게 할 것이니라 하시고

계 21:1 또 내가 새 하늘과 새 땅을 보니 처음 하늘과 처음 땅이 없어졌고 바다도 다시 있지 않더라

계 22:2 길 가운데로 흐르더라 강 좌우에 생명나무가 있어 열두 가지 열매를 맺되 달마다 그 열매를 맺고 그 나무 잎사귀들은 만국을 치료하기 위하여 있더라

계 19:7 우리가 즐거워하고 크게 기뻐하며 그에게 영광을 돌리세 어린 양의 혼인 기약이 이르렀고 그의 아내가 자신을 준비하였으므로

계 22:17 성령과 신부가 말씀하시기를 오라 하시는도다 듣는 자도 오라 할 것이요 목마른 자도 올 것이요 또 원하는 자는 값없이 생명수를 받으라 하시더라

계 21:4 모든 눈물을 그 눈에서 닦아 주시니 다시는 사망이 없고 애통하는 것이나 곡하는 것이나 아픈 것이 다시 있지 아니하리니 처음 것들이 다 지나갔음이러라

계 22:18 내가 이 두루마리의 예언의 말씀을 듣는 모든 사람에게 증언하
노니 만일 누구든지 이것들 외에 더하면 하나님이 이 두루마리에 기록된 재
앙들을 그에게 더하실 것이요

19 만일 누구든지 이 두루마리의 예언의 말씀에서 제하여 버리면 하나님
이 이 두루마리에 기록된 생명나무와 및 거룩한 성에 참여함을 제하여 버리
시리라

계 12:2 이 여자가 아이를 배어 해산하게 되매 아파서 애를 쓰며 부르짖더라

계 21:5 보좌에 앉으신 이가 이르시되 보라 내가 만물을 새롭게 하노라 하시고 또 이르시되 이 말은 신실하고 참되니 기록하라 하시고

26 페이지

1장 1절

단 2:28 오직 은밀한 것을 나타내실 이는 하늘에 계신 하나님이시라 그가 느부갓네살 왕에게 후일에 될 일을 알게 하셨나이다 왕의 꿈 곧 왕이 침상에서 머리 속으로 받은 환상은 이러하니이다

29 왕이여 왕이 침상에서 장래 일을 생각하실 때에 은밀한 것을 나타내시
는 이가 장래 일을 왕에게 알게 하셨사오며

27 페이지

마 24:36 그러나 그 날과 그 때는 아무도 모르나니 하늘의 천사들도, 아들도 모르고 오직 아버지만 아시느니라

갈 4:4 때가 차매 하나님이 그 아들을 보내사 여자에게서 나게 하시고 율법 아래에 나게 하신 것은

5 율법 아래에 있는 자들을 속량하시고 우리로 아들의 명분을 얻게 하려 하심이라 6너희가 아들이므로 하나님이 그 아들의 영을 우리 마음 가운데 보내사 아빠 아버지라 부르게 하셨느니라

계 1:19 그러므로 네가 본 것과 지금 있는 일과 장차 될 일을 기록하라

요이 1:7 미혹하는 자가 세상에 많이 나왔나니 이는 예수 그리스도께서 육체로 오심을 부인하는 자라 이런 자가 미혹하는 자요 적그리스도니

계 2:13 네가 어디 사는 것을 내가 아노니 거기는 사단의 위가 있는 데라 네가 내 이름을 굳게 잡아서 내 충성된 증인 안디바가 너희 가운데 곧 사단의 거하는 곳에서 죽임을 당할 때에도 나를 믿는 믿음을 저버리지 아니하였도다

28 페이지

욥 1:6 하루는 하나님의 아들들이 와서 여호와 앞에 섰고 사탄도 그들 가운데에 온지라

욥 2:1 또 하루는 하나님의 아들들이 와서 여호와 앞에 서고 사탄도 그들 가운데에 와서 여호와 앞에 서니

시 89:5 여호와여 주의 기이한 일을 하늘이 찬양할 것이요 주의 성실도 거룩한 자들의 모임 가운데에서 찬양하리이다

단 4:13 내가 침상에서 머리 속으로 받은 환상 가운데에 또 본즉 한 순찰자, 한 거룩한 자가 하늘에서 내려왔는데

히 1:13 어느 때에 천사 중 누구에게 내가 네 원수로 네 발등상이 되게 하기까지 너는 내 우편에 앉아 있으라 하셨느냐

말 2:7 제사장의 입술은 지식을 지켜야 하겠고 사람들은 그의 입에서 율법을 구하게 되어야 할 것이니 제사장은 만군의 여호와의 사자가 됨이거늘

욥 38:6 그것의 주추는 무엇 위에 세웠으며 그 모퉁잇돌을 누가 놓았느냐

히 1:14 모든 천사들은 섬기는 영으로서 구원 받을 상속자들을 위하여 섬기라고 보내심이 아니냐

히 2:5-18

골 2:18 아무도 꾸며낸 겸손과 천사 숭배를 이유로 너희를 정죄하지 못하게 하라 그가 그 본 것에 의지하여 그 육신의 생각을 따라 헛되이 과장하고

창 18:9 그들이 아브라함에게 이르되 네 아내 사라가 어디 있느냐 대답하되 장막에 있나이다

눅 1:11 주의 사자가 저에게 나타나 향단 우편에 선지라

12 사가랴가 보고 놀라며 무서워하니

13 천사가 일러 가로되 사가랴여 무서워 말라 너의 간구함이 들린지라 네 아내 엘리사벳이 네게 아들을 낳아 주리니 그 이름을 요한이라 하라

14 너도 기뻐하고 즐거워할 것이요 많은 사람도 그의 남을 기뻐하리니

15 이는 저가 주 앞에 큰 자가 되며 포도주나 소주를 마시지 아니하며 모태로부터 성령의 충만함을 입어

16 이스라엘 자손을 주 곧 저희 하나님께로 많이 돌아오게 하겠음이니라

17 저가 또 엘리야의 심령과 능력으로 주 앞에 앞서 가서 아비의 마음을 자식에게, 거스리는 자를 의인의 슬기에 돌아오게 하고 주를 위하여 세운

백성을 예비하리라.

18 사가랴가 천사에게 이르되 내가 이것을 어떻게 알리요 내가 늙고 아내
도 나이 많으니이다

19 천사가 대답하여 가로되 나는 하나님 앞에 섰는 가브리엘이라 이 좋은
소식을 전하여 네게 말하라고 보내심을 입었노라

20 보라 이 일의 되는 날까지 네가 벙어리가 되어 능히 말을 못하리니 이
는 내 말을 네가 믿지 아니함이어니와 때가 이르면 내 말이 이루리라 하더라

출 14:19 이스라엘 진 앞에 가던 하나님의 사자가 그들의 뒤로 옮겨 가
매 구름 기둥도 앞에서 그 뒤로 옮겨

행 7:38 시내 산에서 말하던 그 천사와 우리 조상들과 함께 광야 교회에
있었고 또 살아 있는 말씀을 받아 우리에게 주던 자가 이 사람이라

갈 3:19 그런즉 율법은 무엇이냐 범법하므로 더하여진 것이라 천사들을
통하여 한 중보자의 손으로 베푸신 것인데 약속하신 자손이 오시기까지 있
을 것이라

계 17:7 천사가 이르되 왜 놀랍게 여기느냐 내가 여자와 그가 탄 일곱 머
리와 열 뿔 가진 짐승의 비밀을 네게 이르리라

창 22:9 하나님이 그에게 일러 주신 곳에 이른지라 이에 아브라함이 그
곳에 제단을 쌓고 나무를 벌여 놓고 그의 아들 이삭을 결박하여 제단 나무
위에 놓고

행 5:19 주의 사자가 밤에 옥문을 열고 끌어내어 이르되

행 12:23 헤롯이 영광을 하나님께로 돌리지 아니하는고로 주의 사자가
곧 치니 충이 먹어 죽으니라

계 7:1 이 일 후에 내가 네 천사가 땅 네 모퉁이에 선 것을 보니 땅의 사

방의 바람으로 하여금 땅에나 바다에나 각종 나무에 불지 못하게 하더라

계 8:5 천사가 향로를 가지고 단 위의 불을 담아다가 땅에 쏟으매 뇌성과
음성과 번개와 지진이 나더라

계 9:14 나팔 가진 여섯째 천사에게 말하기를 큰 강 유브라데에 결박한
네 천사를 놓아 주라 하매

15 네 천사가 놓였으니 그들은 그 년 월 일 시에 이르러 사람 삼분의 일을
죽이기로 예비한 자들이더라

16 마병대의 수는 이만만이니 내가 그들의 수를 들었노라

17 이같이 이상한 가운데 그 말들과 그 탄 자들을 보니 불빛과 자주빛과
유황빛 흉갑이 있고 또 말들의 머리는 사자 머리 같고 그 입에서는 불과 연
기와 유황이 나오더라

18 이 세 재앙 곧 저희 입에서 나오는 불과 연기와 유황을 인하여 사람 삼
분의 일이 죽임을 당하니라

19 이 말들의 힘은 그 입과 그 꼬리에 있으니 그 꼬리는 뱀 같고 또 꼬리
에 머리가 있어 이것으로 해하더라

20 이 재앙에 죽지 않고 남은 사람들은 그 손으로 행하는 일을 회개치 아
니하고 오히려 여러 귀신과 또는 보거나 듣거나 다니거나 하지 못하는 금,
은, 동과 목석의 우상에게 절하고

21 또 그 살인과 복술과 음행과 도적질을 회개치 아니하더라

시 103:20 능력이 있어 여호와의 말씀을 이루며 그 말씀의 소리를 듣는
너희 천사여 여호와를 송축하라

29 페이지

3절

계 1:3 이 예언의 말씀을 읽는 자와 듣는 자와 그 가운데에 기록한 것을 지키는 자는 복이 있나니 때가 가까움이라

계 13:14 짐승 앞에서 받은 바 이적을 행함으로 땅에 거하는 자들을 미혹하며 땅에 거하는 자들에게 이르기를 칼에 상하였다가 살아난 짐승을 위하여 우상을 만들라 하더라

계 16:15 보라 내가 도둑 같이 오리니 누구든지 깨어 자기 옷을 지켜 벌거벗고 다니지 아니하며 자기의 부끄러움을 보이지 아니하는 자는 복이 있도다

계 19:9 천사가 내게 말하기를 기록하라 어린 양의 혼인 잔치에 청함을 받은 자들은 복이 있도다 하고 또 내게 말하되 이것은 하나님의 참되신 말씀이라 하기로

계 20:6 이 첫째 부활에 참여하는 자들은 복이 있고 거룩하도다 둘째 사망이 그들을 다스리는 권세가 없고 도리어 그들이 하나님과 그리스도의 제사장이 되어 천 년 동안 그리스도와 더불어 왕 노릇 하리라

계 22:7 보라 내가 속히 오리니 이 두루마리의 예언의 말씀을 지키는 자는 복이 있으리라 하더라

계 22:14 자기 두루마기를 빠는 자들은 복이 있으니 이는 그들이 생명나무에 나아가며 문들을 통하여 성에 들어갈 권세를 받으려 함이로다

요 16:25 이것을 비유로 너희에게 일렀거니와 때가 이르면 다시는 비유로 너희에게 이르지 않고 아버지에 대한 것을 밝히 이르리라

고후 4:18 우리가 주목하는 것은 보이는 것이 아니요 보이지 않는 것이니 보이는 것은 잠깐이요 보이지 않는 것은 영원함이라

롬 1:20 창세로부터 그의 보이지 아니하는 것들 곧 그의 영원하신 능력과 신성이 그가 만드신 만물에 분명히 보여 알려졌나니 그러므로 그들이 핑계하지 못할지니라

딤후 3:16 모든 성경은 하나님의 감동으로 된 것으로 교훈과 책망과 바르게 함과 의로 교육하기에 유익하니

30 페이지

고전 14:3 그러나 예언하는 자는 사람에게 말하여 덕을 세우며 권면하며 위로하는 것이요

겔 33:11 주 여호와의 말씀에 나의 삶을 두고 맹세하노니 나는 악인의 죽는 것을 기뻐하지 아니하고 악인이 그 길에서 돌이켜 떠나서 사는 것을 기뻐하노라 이스라엘족속아 돌이키고 돌이키라 너희 악한 길에서 떠나라 어찌 죽고자 하느냐 하셨다 하라

4절

출 3:14 하나님이 모세에게 이르시되 나는 스스로 있는 자이니라 또 이르시되 너는 이스라엘 자손에게 이같이 이르기를 스스로 있는 자가 나를 너희에게 보내셨다 하라

31 페이지

사 11:2 그의 위에 여호와의 영 곧 지혜와 총명의 영이요 모략과 재능의 영이요 지식과 여호와를 경외하는 영이 강림하시리니

계 5:6 내가 또 보니 보좌와 네 생물과 장로들 사이에서 한 어린 양이 서 있는데 일찍이 죽임을 당한 것 같더라 그에게 일곱 뿔과 일곱 눈이 있으니 이 눈들은 온 땅에 보내심을 받은 하나님의 일곱 영이더라

슥 3:9 만군의 여호와가 말하노라 내가 너 여호수아 앞에 세운 돌을 보라 한 돌에 일곱 눈이 있느니라 내가 거기에 새길 것을 새기며 이 땅의 죄악을 하루에 제거하리라

5절

고전 12:3 그러므로 내가 너희에게 알리노니 하나님의 영으로 말하는 자는 누구든지 예수를 저주할 자라 하지 아니하고 또 성령으로 아니하고는 누구든지 예수를 주시라 할 수 없느니라

고전 2:8 이 지혜는 이 세대의 통치자들이 한 사람도 알지 못하였나니 만일 알았더라면 영광의 주를 십자가에 못 박지 아니하였으리라

행 7:51 목이 곧고 마음과 귀에 할례를 받지 못한 사람들아 너희가 항상 성령을 거스려 너희 조상과 같이 너희도 하는도다

롬 11:12 저희의 넘어짐이 세상의 부요함이 되며 저희의 실패가 이방인의 부요함이 되거든 하물며 저희의 충만함이리요

렘 31:31 나 여호와가 말하노라 보라 날이 이르리니 내가 이스라엘 집과 유다 집에 새 언약을 세우리라

32 나 여호와가 말하노라 이 언약은 내가 그들의 열조의 손을 잡고 애굽

땅에서 인도하여 내던 날에 세운것과 같지 아니할 것은 내가 그들의 남편이
되었어도 그들이 내 언약을 파하였음이니라

33 나 여호와가 말하노라 그러나 그 날 후에 내가 이스라엘 집에 세울 언
약은 이러하니 곧 내가 나의 법을 그들의 속에 두며 그 마음에 기록하여 나
는 그들의 하나님이 되고 그들은 내 백성이 될 것이라

34 그들이 다시는 각기 이웃과 형제를 가리켜 이르기를 너는 여호와를 알
라 하지 아니하리니 이는 작은 자로부터 큰 자까지 다 나를 앎이니라 내가 그
들의 죄악을 사하고 다시는 그 죄를 기억지 아니하리라 여호와의 말이니라

히 9:13 염소와 황소의 피와 및 암송아지의 재로 부정한 자에게 뿌려 그
육체를 정결케 하여 거룩케 하거든

롬 5:8 우리가 아직 죄인 되었을 때에 그리스도께서 우리를 위하여 죽으
심으로 하나님께서 우리에게 대한 자기의 사랑을 확증하셨느니라

계 1:5 또 충성된 증인으로 죽은 자들 가운데서 먼저 나시고 땅의 임금들
의 머리가 되신 예수 그리스도로 말미암아 은혜와 평강이 너희에게 있기를
원하노라 우리를 사랑하사 그의 피로 우리 죄에서 우리를 해방하시고

계 5:9 새 노래를 노래하여 가로되 책을 가지시고 그 인봉을 떼기에 합당
하시도다 일찍 죽임을 당하사 각 족속과 방언과 백성과 나라 가운데서 사람
들을 피로 사서 하나님께 드리시고

계 7:14 내가 가로되 내 주여 당신이 알리이다 하니 그가 나더러 이르되
이는 큰 환난에서 나오는 자들인데 어린양의 피에 그 옷을 씻어 희게 하였
느니라

계 12:11 또 여러 형제가 어린 양의 피와 자기의 증거하는 말을 인하여
저를 이기었으니 그들은 죽기까지 자기 생명을 아끼지 아니하였도다

계 19:13 또 그가 피 뿌린 옷을 입었는데 그 이름은 하나님의 말씀이라 칭하더라

약 1:18 그가 그 피조물 중에 우리로 한 첫 열매가 되게 하시려고 자기의 뜻을 따라 진리의 말씀으로 우리를 낳으셨느니라

32 페이지

눅 17:25 그러나 그가 먼저 많은 고난을 받으며 이 세대에게 버린 바 되어야 할지니라

6절

벧전 2:9 그러나 너희는 택하신 족속이요 왕 같은 제사장들이요 거룩한 나라요 그의 소유가 된 백성이니 이는 너희를 어두운 데서 불러내어 그의 기이한 빛에 들어가게 하신 이의 아름다운 덕을 선포하게 하려 하심이라

벧전 2:10 너희가 전에는 백성이 아니더니 이제는 하나님의 백성이요 전에는 긍휼을 얻지 못하였더니 이제는 긍휼을 얻은 자니라7절

단 7:13 내가 또 밤 환상 중에 보니 인자 같은 이가 하늘 구름을 타고 와서 옛적부터 항상 계신 이에게 나아가 그 앞으로 인도되매

히 12:1 이러므로 우리에게 구름 같이 둘러싼 허다한 증인들이 있으니 모든 무거운 것과 얽매이기 쉬운 죄를 벗어 버리고 인내로써 우리 앞에 당한 경주를 하며

사 19:1 애굽에 관한 경고라 보라 여호와께서 빠른 구름을 타고 애굽에 임하시리니 애굽의 우상들이 그 앞에서 떨겠고 애굽인의 마음이 그 속에서 녹으리로다

계 17:15 또 천사가 내게 말하되 네가 본 바 음녀가 앉아 있는 물은 백성과 무리와 열국과 방언들이니라

33 페이지

사 7:14 그러므로 주께서 친히 징조를 너희에게 주실 것이라 보라 처녀가 잉태하여 아들을 낳을 것이요 그의 이름을 임마누엘이라 하리라

사 9:6 "이는 한 아기가 우리에게 났고 한 아들을 우리에게 주신바 되었는데 그 어깨에는 정사를 메었고 그 이름은 기묘자라, 모사라, 전능하신 하나님이라, 영존하시는 아버지라, 평강의 왕이라 할것임이라"

미 5:2 베들레헴 에브라다야 너는 유다 족속 중에 작을지라도 이스라엘을 다스릴 자가 네게서 내게로 나올 것이라 그의 근본은 상고에, 영원에 있느니라

단 7:13 내가 또 밤 환상 중에 보니 인자 같은 이가 하늘 구름을 타고 와서 옛적부터 항상 계신 이에게 나아가 그 앞으로 인도되매

마 2:5 이르되 유대 베들레헴이오니 이는 선지자로 이렇게 기록된 바

요2서 7절 미혹하는 자가 세상에 많이 나왔나니 이는 예수 그리스도께서 육체로 오심을 부인하는 자라 이런 자가 미혹하는 자요 적그리스도니

계 12:5 여자가 아들을 낳으니 이는 장차 철장으로 만국을 다스릴 남자라 그 아이를 하나님 앞과 그 보좌 앞으로 올려가더라

눅 18:8 내가 너희에게 이르노니 속히 그 원한을 풀어 주시리라 그러나 인자가 올 때에 세상에서 믿음을 보겠느냐 하시니라

눅 17:25 그러나 그가 먼저 많은 고난을 받으며 이 세대에게 버린 바 되

어야 할지니라

열왕하 2:11 두 사람이 길을 가며 말하더니 불수레와 불말들이 두 사람을 갈라놓고 엘리야가 회오리 바람으로 하늘로 올라가더라

눅 1:17 그가 또 엘리야의 심령과 능력으로 주 앞에 먼저 와서 아버지의 마음을 자식에게, 거스르는 자를 의인의 슬기에 돌아오게 하고 주를 위하여 세운 백성을 준비하리라

마 11:14 만일 너희가 즐겨 받을진대 오리라 한 엘리야가 곧 이 사람이니라

마 17:10 제자들이 물어 이르되 그러면 어찌하여 서기관들이 엘리야가 먼저 와야 하리라 하나이까

계 1:7 볼지어다 그가 구름을 타고 오시리라 각 사람의 눈이 그를 보겠고 그를 찌른 자들도 볼 것이요 땅에 있는 모든 족속이 그로 말미암아 애곡하리니 그러하리라 아멘

계 3:10 네가 나의 인내의 말씀을 지켰은즉 내가 또한 너를 지켜 시험의 때를 면하게 하리니 이는 장차 온 세상에 임하여 땅에 거하는 자들을 시험할 때라

계 7:2 또 보매 다른 천사가 살아 계신 하나님의 인을 가지고 해 돋는 데로부터 올라와서 땅과 바다를 해롭게 할 권세를 받은 네 천사를 향하여 큰 소리로 외쳐

계 17:14 그들이 어린 양과 더불어 싸우려니와 어린 양은 만주의 주시오 만왕의 왕이시므로 그들을 이기실 터이요 또 그와 함께 있는 자들 곧 부르심을 받고 택하심을 받은 진실한 자들도 이기리로다

계 19:7 우리가 즐거워하고 크게 기뻐하며 그에게 영광을 돌리세 어린

양의 혼인 기약이 이르렀고 그의 아내가 자신을 준비하였으므로

8 그에게 빛나고 깨끗한 세마포 옷을 입도록 허락하셨으니 이 세마포 옷
은 성도들의 옳은 행실이로다 하더라

9 천사가 내게 말하기를 기록하라 어린 양의 혼인 잔치에 청함을 받은 자
들은 복이 있도다 하고 또 내게 말하되 이것은 하나님의 참되신 말씀이라
하기로

시 78:2 내가 입을 열어 비유로 말하며 예로부터 감추어졌던 것을 드러내려 하니

겔 20:49 내가 이르되 아하 주 여호와여 그들이 나를 가리켜 말하기를 그는 비유로 말하는 자가 아니냐 하나이다 하니라

마 13:10 제자들이 예수께 나아와 이르되 어찌하여 그들에게 비유로 말씀하시나이까

마 13:34 예수께서 이 모든 것을 무리에게 비유로 말씀하시고 비유가 아니면 아무 것도 말씀하지 아니하셨으니

34 페이지

마 13:35 이는 선지자를 통하여 말씀하신 바 내가 입을 열어 비유로 말하고 창세부터 감추인 것들을 드러내리라 함을 이루려 하심이라

요 16:12 내가 아직도 너희에게 이를 것이 많으나 지금은 너희가 감당하지 못하리라

요 16:25 이것을 비유로 너희에게 일렀거니와 때가 이르면 다시는 비유로 너희에게 이르지 않고 아버지에 대한 것을 밝히 이르리라

고전 13:12 우리가 지금은 거울로 보는 것 같이 희미하나 그 때에는 얼굴과 얼굴을 대하여 볼 것이요 지금은 내가 부분적으로 아나 그 때에는 주께서 나를 아신 것 같이 내가 온전히 알리라

계 5:9 그들이 새 노래를 불러 이르되 두루마리를 가지시고 그 인봉을 떼기에 합당하시도다 일찍이 죽임을 당하사 각 족속과 방언과 백성과 나라 가운데에서 사람들을 피로 사서 하나님께 드리시고

계 10:11 그가 내게 말하기를 네가 많은 백성과 나라와 방언과 임금에게 다시 예언하여야 하리라 하더라

계 22:10 또 내게 말하되 이 두루마리의 예언의 말씀을 인봉하지 말라 때가 가까우니라

마 13:11 대답하여 이르시되 천국의 비밀을 아는 것이 너희에게는 허락되었으나 그들에게는 아니되었나니

딤후 3:16 모든 성경은 하나님의 감동으로 된 것으로 교훈과 책망과 바르게 함과 의로 교육하기에 유익하니

17 이는 하나님의 사람으로 온전케하며 모든 선한 일을 행하기에 온전케 하려 함이니라

눅 17:25 그러나 그가 먼저 많은 고난을 받으며 이 세대에게 버린 바 되어야 할지니라

마 24:37 노아의 때와 같이 인자의 임함도 그러하리라

38 홍수 전에 노아가 방주에 들어가던 날까지 사람들이 먹고 마시고 장가들고 시집 가고 있으면서

39 홍수가 나서 저희를 다 멸하기까지 깨닫지 못하였으니 인자의 임함도 이와 같으리라

40 그때에 두 사람이 밭에 있으매 하나는 데려감을 당하고 하나는 버려둠
을 당할 것이요

41 두 여자가 매를 갈고 있으매 하나는 데려감을 당하고 하나는 버려둠을
당할 것이니라

42 그러므로 깨어 있으라 어느 날에 너희 주가 임할는지

43 너희가 알지 못함이니라. 너희도 아는바니 만일 집 주인이 도적이 어
느 경점에 올 줄을 알았더면 깨어 있어 그 집을 뚫지 못하게 하였으리라

44 이러므로 너희도 예비하고 있으라 생각지 않은 때에 인자가 오리라

35 페이지

8절

요 12:47 사람이 내 말을 듣고 지키지 아니할지라도 내가 그를 심판하지 아니하노라 내가 온 것은 세상을 심판하려 함이 아니요 세상을 구원하려 함이로라

요 5:22 아버지께서 아무도 심판하지 아니하시고 심판을 다 아들에게 맡기셨으니

요 12:48 나를 저버리고 내 말을 받지 아니하는 자를 심판할 이가 있으니 곧 내가 한 그 말이 마지막 날에 그를 심판하리라

계 19:13 또 그가 피 뿌린 옷을 입었는데 그 이름은 하나님의 말씀이라 칭하더라

약 1:18 그가 그 피조물 중에 우리로 한 첫 열매가 되게 하시려고 자기의 뜻을 따라 진리의 말씀으로 우리를 낳으셨느니라

36 페이지

10절

사 27:13 그날에 큰 나팔을 불리니 앗수르 땅에서 멸망하는 자들과 애굽 땅으로 쫓겨난 자들이 돌아와서 예루살렘 성산에서 여호와께 예배하리라

마 24:31 그가 큰 나팔소리와 함께 천사들을 보내리니 그들이 그의 택하신 자들을 하늘 이 끝에서 저 끝까지 사방에서 모으리라

고전 15:52 나팔 소리가 나매 죽은 자들이 썩지 아니할 것으로 다시 살아나고 우리도 변화되리라

살전 4:16 주께서 호령과 천사장의 소리와 하나님의 나팔 소리로 친히 하늘로부터 강림하시리니 그리스도 안에서 죽은 자들이 먼저 일어나고

습 1:16 나팔을 불어 경고하며 견고한 성읍들을 치며 높은 망대를 치는 날이로다

민 10:2 은나팔 둘을 만들되 두들겨 만들어서 그것으로 회중을 소집하며 진영을 출발하게 할 것이라

3 나팔 두 개를 불 때에는 온 회중이 회막 문 앞에 모여서 네게로 나아올 것이요

4 하나만 불 때에는 이스라엘의 천부장 된 지휘관들이 모여서 네게로 나아올 것이며

5 너희가 그것을 크게 불 때에는 동쪽 진영들이 행진할 것이며

6 두 번째로 크게 불 때에는 남쪽 진영들이 행진할 것이라 떠나려 할 때에는 나팔 소리를 크게 불 것이며

7 또 회중을 모을 때에도 나팔을 불 것이나 소리를 크게 내지 말며

렘 6:1 베냐민 자손들아 예루살렘 가운데로부터 피난하라 드고아에서 나팔을 불고 벧학게렘에서 깃발을 들라 재앙과 큰 파멸이 북방에서 엿보아 옴이니라

딤후 2:3 너는 그리스도 예수의 좋은 병사로 나와 함께 고난을 받으라

37 페이지

11절

골 4:13 그가 너희와 라오디게아에 있는 자들과 히에라볼리에 있는 자들을 위하여 많이 수고하는 것을 내가 증언하노라

12절

계 1:20 네가 본 것은 내 오른손의 일곱 별의 비밀과 또 일곱 금 촛대라 일곱 별은 일곱 교회의 사자요 일곱 촛대는 일곱 교회니라

38 페이지

13절

시 104:1 내 영혼아 여호와를 송축하라 여호와 나의 하나님이여 주는 심히 위대하시며 존귀와 권위로 옷 입으셨나이다

14절

단 7:9 내가 보니 왕좌가 놓이고 옛적부터 항상 계신 이가 좌정하셨는데 그의 옷은 희기가 눈 같고 그의 머리털은 깨끗한 양의 털 같고 그의 보좌는 불꽃이요 그의 바퀴는 타오르는 불이며

계 2:18 두아디라 교회의 사자에게 편지하라 그 눈이 불꽃 같고 그 발이 빛난 주석과 같은 하나님의 아들이 이르시되

단 10:6 또 그의 몸은 황옥 같고 그의 얼굴은 번갯빛 같고 그의 눈은 횃불 같고 그의 팔과 발은 빛난 놋과 같고 그의 말소리는 무리의 소리와 같더라

시 139:23 하나님이여 나를 살피사 내 마음을 아시며 나를 시험하사 내 뜻을 아옵소서

히 4:13 지으신 것이 하나도 그 앞에 나타나지 않음이 없고 우리의 결산을 받으실 이의 눈 앞에 만물이 벌거벗은 것 같이 드러나느니라

15절

계 2:18 두아디라 교회의 사자에게 편지하라 그 눈이 불꽃 같고 그 발이 빛난 주석과 같은 하나님의 아들이 이르시되

사 11:4 공의로 빈핍한 자를 심판하며 정직으로 세상의 겸손한 자를 판단할 것이며 그 입의 막대기로 세상을 치며 입술의 기운으로 악인을 죽일 것이며

16절

계 1:20 네가 본 것은 내 오른손의 일곱 별의 비밀과 또 일곱 금 촛대라 일곱 별은 일곱 교회의 사자요 일곱 촛대는 일곱 교회니라

히 4:12 하나님의 말씀은 살아 있고 활력이 있어 좌우에 날선 어떤 검보다도 예리하여 혼과 영과 및 관절과 골수를 찔러 쪼개기까지 하며 또 마음의 생각과 뜻을 판단하나니

마 17:1 엿새 후에 예수께서 베드로와 야고보와 그 형제 요한을 데리시고 따로 높은 산에 올라가셨더니

행 26:13 왕이여 정오가 되어 길에서 보니 하늘로부터 해보다 더 밝은

빛이 나와 내 동행들을 둘러 비추는지라

단 10:8 그러므로 나만 홀로 있어서 이 큰 환상을 볼 때에 내 몸에 힘이 빠졌고 나의 아름다운 빛이 변하여 썩은 듯하였고 나의 힘이 다 없어졌으나

39 페이지

18절

마 12:31 그러므로 내가 너희에게 이르노니 사람에 대한 모든 죄와 모독은 사하심을 얻되 성령을 모독하는 것은 사하심을 얻지 못하겠고

벧전 3:19 그가 또한 영으로 가서 옥에 있는 영들에게 선포하시니라

40 페이지

19절

계 10:11 그가 내게 말하기를 네가 많은 백성과 나라와 방언과 임금에게 다시 예언하여야 하리라 하더라

41 페이지

20절

계 1:20 네가 본 것은 내 오른손의 일곱 별의 비밀과 또 일곱 금 촛대라 일곱 별은 일곱 교회의 사자요 일곱 촛대는 일곱 교회니라

계 3:10 네가 나의 인내의 말씀을 지켰은즉 내가 또한 너를 지켜 시험의

때를 면하게 하리니 이는 장차 온 세상에 임하여 땅에 거하는 자들을 시험할 때라

계 10:7 일곱째 천사가 소리 내는 날 그의 나팔을 불려고 할 때에 하나님이 그의 종 선지자들에게 전하신 복음과 같이 하나님의 그 비밀이 이루어지리라 하더라

계 11:1 또 내게 지팡이 같은 갈대를 주며 말하기를 일어나서 하나님의 성전과 제단과 그 안에서 경배하는 자들을 측량하되

계 17:5 그의 이마에 이름이 기록되었으니 비밀이라, 큰 바벨론이라, 땅의 음녀들과 가증한 것들의 어미라 하였더라

계 17:7 천사가 이르되 왜 놀랍게 여기느냐 내가 여자와 그가 탄 일곱 머리와 열 뿔 가진 짐승의 비밀을 네게 이르리라

계 9:1 다섯째 천사가 나팔을 불매 내가 보니 하늘에서 땅에 떨어진 별 하나가 있는데 그가 무저갱의 열쇠를 받았더라

계 11:7 그들이 그 증언을 마칠 때에 무저갱으로부터 올라오는 짐승이 그들과 더불어 전쟁을 일으켜 그들을 이기고 그들을 죽일 터인즉

계 12:3 하늘에 또 다른 이적이 보이니 보라 한 큰 붉은 용이 있어 머리가 일곱이요 뿔이 열이라 그 여러 머리에 일곱 면류관이 있는데

4 그 꼬리가 하늘 별 삼분의 일을 끌어다가 땅에 던지더라 용이 해산하려는 여자 앞에서 그가 해산하면 그 아이를 삼키고자 하더니

5 여자가 아들을 낳으니 이는 장차 철장으로 만국을 다스릴 남자라 그 아이를 하나님 앞과 그 보좌 앞으로 올려가더라

6 그 여자가 광야로 도망하매 거기서 일천 이백 육십일 동안 저를 양육하기 위하여 하나님의 예비하신 곳이 있더라

7 하늘에 전쟁이 있으니 미가엘과 그의 사자들이 용으로 더불어 싸울쌔
용과 그의 사자들도 싸우나

8 이기지 못하여 다시 하늘에서 저희의 있을 곳을 얻지 못한지라

9 큰 용이 내어 쫓기니 옛 뱀 곧 마귀라고도 하고 사단이라고도 하는 온
천하를 꾀는 자라 땅으로 내어 쫓기니 그의 사자들도 저와 함께 내어 쫓기
니라

계 13:1 내가 보니 바다에서 한 짐승이 나오는데 뿔이 열이요 머리가 일
곱이라 그 뿔에는 열 왕관이 있고 그 머리들에는 신성 모독 하는 이름들이
있더라

계 14:19 천사가 낫을 땅에 휘둘러 땅의 포도를 거두어 하나님의 진노의
큰 포도주 틀에 던지매

계 15:2 또 내가 보니 불이 섞인 유리 바다 같은 것이 있고 짐승과 그의
우상과 그의 이름의 수를 이기고 벗어난 자들이 유리 바다 가에 서서 하나
님의 거문고를 가지고

3 하나님의 종 모세의 노래, 어린 양의 노래를 불러 이르되 주 하나님 곧
전능하신 이시여 하시는 일이 크고 놀라우시도다 만국의 왕이시여 주의 길
이 의롭고 참되시도다

4 주여 누가 주의 이름을 두려워하지 아니하며 영화롭게 하지 아니하오
리이까 오직 주만 거룩하시니이다 주의 의로우신 일이 나타났으매 만국이
와서 주께 경배하리이다 하더라

5 또 이 일 후에 내가 보니 하늘에 증거 장막의 성전이 열리며

계 17:14 그들이 어린 양과 더불어 싸우려니와 어린 양은 만주의 주시요
만왕의 왕이시므로 그들을 이기실 터이요 또 그와 함께 있는 자들 곧 부르

심을 받고 택하심을 받은 진실한 자들도 이기리로다

계 6:2 이에 내가 보니 흰 말이 있는데 그 탄 자가 활을 가졌고 면류관을 받고 나아가서 이기고 또 이기려고 하더라

48 페이지

2장 7절

사 6:9 여호와께서 이르시되 가서 이 백성에게 이르기를 너희가 듣기는 들어도 깨닫지 못할 것이요 보기는 보아도 알지 못하리라 하여

10 이 백성의 마음을 둔하게 하며 그들의 귀가 막히고 그들의 눈이 감기게 하라 염려하건대 그들이 눈으로 보고 귀로 듣고 마음으로 깨닫고 다시 돌아와 고침을 받을까 하노라 하시기로

49 페이지

잠 13:12 소망이 더디 이루어지면 그것이 마음을 상하게 하거니와 소원이 이루어지는 것은 곧 생명 나무니라

계 22:14 자기 두루마기를 빠는 자들은 복이 있으니 이는 그들이 생명나무에 나아가며 문들을 통하여 성에 들어갈 권세를 받으려 함이로다

요 14:26 보혜사 곧 아버지께서 내 이름으로 보내실 성령 그가 너희에게 모든 것을 가르치고 내가 너희에게 말한 모든 것을 생각나게 하리라

요 16:7 그러나 내가 너희에게 실상을 말하노니 내가 떠나가는 것이 너희에게 유익이라 내가 떠나가지 아니하면 보혜사가 너희에게로 오시지 아

니할 것이요 가면 내가 그를 너희에게로 보내리니

요 20:22 이 말씀을 하시고 그들을 향하사 숨을 내쉬며 이르시되 성령을 받으라

행 2:33 하나님이 오른손으로 예수를 높이시매 그가 약속하신 성령을 아버지께 받아서 너희가 보고 듣는 이것을 부어 주셨느니라

행 4:8 이에 베드로가 성령이 충만하여 이르되 백성의 관리들과 장로들아

엡 4:4 몸이 하나요 성령도 한 분이시니 이와 같이 너희가 부르심의 한 소망 안에서 부르심을 받았느니라

고전 12:11 이 모든 일은 같은 한 성령이 행하사 그의 뜻대로 각 사람에게 나누어 주시는 것이니라

계 2:13 네가 어디에 사는지를 내가 아노니 거기는 사탄의 권좌가 있는 데라 네가 내 이름을 굳게 잡아서 내 충성된 증인 안디바가 너희 가운데 곧 사탄이 사는 곳에서 죽임을 당할 때에도 나를 믿는 믿음을 저버리지 아니하였도다

살후 2:3 누가 어떻게 하여도 너희가 미혹되지 말라 먼저 배교하는 일이 있고 저 불법의 사람 곧 멸망의 아들이 나타나기 전에는 그 날이 이르지 아니하리니

마 24:4 예수께서 대답하여 이르시되 너희가 사람의 미혹을 받지 않도록 주의하라

50 페이지

계 20:4 또 내가 보좌들을 보니 거기에 앉은 자들이 있어 심판하는 권세

를 받았더라 또 내가 보니 예수를 증언함과 하나님의 말씀 때문에 목 베임을 당한 자들의 영혼들과 또 짐승과 그의 우상에게 경배하지 아니하고 그들의 이마와 손에 그의 표를 받지 아니한 자들이 살아서 그리스도와 더불어 천 년 동안 왕 노릇 하니

5 (그 나머지 죽은 자들은 그 천 년이 차기까지 살지 못하더라)이는 첫째 부활이라

6 이 첫째 부활에 참여하는 자들은 복이 있고 거룩하도다 둘째 사망이 그들을 다스리는 권세가 없고 도리어 그들이 하나님과 그리스도의 제사장이 되어 천 년 동안 그리스도와 더불어 왕 노릇 하리라

51 페이지

9절

행 13:50 이에 유대인들이 경건한 귀부인들과 그 시내 유력자들을 선동하여 바울과 바나바를 박해하게 하여 그 지역에서 쫓아내니

행 14:2 그러나 순종하지 아니하는 유대인들이 이방인들의 마음을 선동하여 형제들에게 악감을 품게 하거늘

행 17:5 그러나 유대인들은 시기하여 저자의 어떤 불량한 사람들을 데리고 떼를 지어 성을 소동하게 하여 야손의 집에 침입하여 그들을 백성에게 끌어내려고 찾았으나

행 19

창 3:1~13

마 4:3 시험하는 자가 예수께 나아와서 이르되 네가 만일 하나님의 아들

이어든 명하여 이 돌들로 떡덩이가 되게 하라

살전 3:5 이러므로 나도 참다 못하여 너희 믿음을 알기 위하여 그를 보내었노니 이는 혹 시험하는 자가 너희를 시험하여 우리 수고를 헛되게 할까 함이니

마 13:19 아무나 천국 말씀을 듣고 깨닫지 못할 때는 악한 자가 와서 그 마음에 뿌려진 것을 빼앗나니 이는 곧 길 가에 뿌려진 자요

계 12:10 내가 또 들으니 하늘에 큰 음성이 있어 이르되 이제 우리 하나님의 구원과 능력과 나라와 또 그의 그리스도의 권세가 나타났으니 우리 형제들을 참소하던 자 곧 우리 하나님 앞에서 밤낮 참소하던 자가 쫓겨났고

마 13:39 가라지를 뿌린 원수는 마귀요 추수 때는 세상 끝이요 추수꾼은 천사들이니

벧전 5:8 근신하라 깨어라 너희 대적 마귀가 우는 사자 같이 두루 다니며 삼킬 자를 찾나니

마 9:34 바리새인들은 이르되 그가 귀신의 왕을 의지하여 귀신을 쫓아낸다 하더라

계 12:4 그 꼬리가 하늘의 별 삼분의 일을 끌어다가 땅에 던지더라 용이 해산하려는 여자 앞에서 그가 해산하면 그 아이를 삼키고자 하더니

요 12:31 이제 이 세상에 대한 심판이 이르렀으니 이 세상의 임금이 쫓겨나리라

엡 2:2 그 때에 너희는 그 가운데서 행하여 이 세상 풍조를 따르고 공중의 권세 잡은 자를 따랐으니 곧 지금 불순종의 아들들 가운데서 역사하는 영이라

마 10:25 제자가 그 선생 같고 종이 그 상전 같으면 족하도다 집 주인을

바알세불이라 하였거든 하물며 그 집 사람들이랴

52 페이지

계 12:9 큰 용이 내쫓기니 옛 뱀 곧 마귀라고도 하고 사탄이라고도 하며 온 천하를 꾀는 자라 그가 땅으로 내쫓기니 그의 사자들도 그와 함께 내쫓기니라

10절

단 1:12 청하오니 당신의 종들을 열흘 동안 시험하여 채식을 주어 먹게 하고 물을 주어 마시게 한 후에

13 당신 앞에서 우리의 얼굴과 왕의 음식을 먹는 소년들의 얼굴을 비교하여 보아서 당신이 보는 대로 종들에게 행하소서 하매

14 그가 그들의 말을 따라 열흘 동안 시험하더니

15 열흘 후에 그들의 얼굴이 더욱 아름답고 살이 더욱 윤택하여 왕의 음식을 먹는 다른 소년들보다 더 좋아 보인지라

53 페이지

11절

계 20:14 사망과 음부도 불못에 던져지니 이것은 둘째 사망 곧 불못이라

계 21:8 그러나 두려워하는 자들과 믿지 아니하는 자들과 흉악한 자들과 살인자들과 음행하는 자들과 점술가들과 우상 숭배자들과 거짓말하는 모든 자들은 불과 유황으로 타는 못에 던져지리니 이것이 둘째 사망이라

계 2:13 네가 어디에 사는지를 내가 아노니 거기는 사탄의 권좌가 있는 데라 네가 내 이름을 굳게 잡아서 내 충성된 증인 안디바가 너희 가운데 곧 사탄이 사는 곳에서 죽임을 당할 때에도 나를 믿는 믿음을 저버리지 아니하였도다

계 3:4 그러나 사데에 그 옷을 더럽히지 아니한 자 몇 명이 네게 있어 흰 옷을 입고 나와 함께 다니리니 그들은 합당한 자인 연고라

55 페이지

14절

민 22:1 이스라엘 자손이 또 길을 떠나 모압 평지에 진을 쳤으니 요단 건너편 곧 여리고 맞은편이더라

2 십볼의 아들 발락이 이스라엘이 아모리인에게 행한 모든 일을 보았으므로

3 모압이 심히 두려워하였으니 이스라엘 백성이 많음으로 말미암아 모압이 이스라엘 자손 때문에 번민하더라

4 미디안 장로들에게 이르되 이제 이 무리가 소가 밭의 풀을 뜯어먹음 같이 우리 사방에 있는 것을 다 뜯어먹으리로다 하니 그 때에 십볼의 아들 발락이 모압 왕이었더라

5 그가 사신을 브올의 아들 발람의 고향인 강 가 브돌에 보내어 발람을 부르게 하여 이르되 보라 한 민족이 애굽에서 나왔는데 그들이 지면에 덮여서 우리 맞은편에 거주하였고

6 우리보다 강하니 청하건대 와서 나를 위하여 이 백성을 저주하라 내가

혹 그들을 쳐서 이겨 이 땅에서 몰아내리라 그대가 복을 비는 자는 복을 받고 저주하는 자는 저주를 받을 줄을 내가 앎이니라

민 24:1 발람이 자기가 이스라엘을 축복하는 것을 여호와께서 선히 여기심을 보고 전과 같이 점술을 쓰지 아니하고 그의 낯을 광야로 향하여

56 페이지

17절

계 2:20 그러나 네게 책망할 일이 있노라 자칭 선지자라 하는 여자 이세벨을 네가 용납함이니 그가 내 종들을 가르쳐 꾀어 행음하게 하고 우상의 제물을 먹게 하는도다

계 2:26 이기는 자와 끝까지 내 일을 지키는 그에게 만국을 다스리는 권세를 주리니

57 페이지

20절

왕상 16:31 느밧의 아들 여로보암의 죄를 따라 행하는 것을 오히려 가볍게 여기며 시돈 사람의 왕 엣바알의 딸 이세벨을 아내로 삼고 가서 바알을 섬겨 예배하고

58 페이지

23절

계 18:6 그가 준 그대로 그에게 주고 그의 행위대로 갑절을 갚아 주고 그가 섞은 잔에도 갑절이나 섞어 그에게 주라

계 20:12 또 내가 보니 죽은 자들이 큰 자나 작은 자나 그 보좌 앞에 서 있는데 책들이 펴 있고 또 다른 책이 펴졌으니 곧 생명책이라 죽은 자들이 자기 행위를 따라 책들에 기록된 대로 심판을 받으니

13 바다가 그 가운데에서 죽은 자들을 내주고 또 사망과 음부도 그 가운데에서 죽은 자들을 내주매 각 사람이 자기의 행위대로 심판을 받고

계 22:12 보라 내가 속히 오리니 내가 줄 상이 내게 있어 각 사람에게 그가 행한 대로 갚아 주리라

59 페이지

24절

행 8장

요이 1:7 미혹하는 자가 세상에 많이 나왔나니 이는 예수 그리스도께서 육체로 오심을 부인하는 자라 이런 자가 미혹하는 자요 적그리스도니

60 페이지

28절

계 22:16 나 예수는 교회들을 위하여 내 사자를 보내어 이것들을 너희에게 증언하게 하였노라 나는 다윗의 뿌리요 자손이니 곧 광명한 새벽 별이라 하시더라

65 페이지

3장 3절

살전 5:2 주의 날이 밤에 도둑같이 이를 줄을 너희 자신이 자세히 알기 때문이라

벧후 3:10 그러나 주의 날이 도둑 같이 오리니 그 날에는 하늘이 큰 소리로 떠나가고 물질이 뜨거운 불에 풀어지고 땅과 그 중에 있는 모든 일이 드러나리로다

살전 5:4 형제들아 너희는 어둠에 있지 아니하매 그 날이 도둑 같이 너희에게 임하지 못하리니

5 너희는 다 빛의 아들이요 낮의 아들이라 우리가 밤이나 어둠에 속하지 아니하나니

6 그러므로 우리는 다른 이들과 같이 자지 말고 오직 깨어 정신을 차릴지라

66 페이지

5절

마 10:32 누구든지 사람 앞에서 나를 시인하면 나도 하늘에 계신 내 아버지 앞에서 그를 시인할 것이요

눅 12:8 내가 또한 너희에게 말하노니 누구든지 사람 앞에서 나를 시인하면 인자도 하나님의 사자들 앞에서 그를 시인할 것이요

67 페이지

계 3:10 네가 나의 인내의 말씀을 지켰은즉 내가 또한 너를 지켜 시험의 때를 면하게 하리니 이는 장차 온 세상에 임하여 땅에 거하는 자들을 시험할 때라

7절

사 6:3 서로 불러 이르되 거룩하다 거룩하다 거룩하다 만군의 여호와여 그의 영광이 온 땅에 충만하도다 하더라

호 11:9 내가 나의 맹렬한 진노를 나타내지 아니하며 내가 다시는 에브라임을 멸하지 아니하리니 이는 내가 하나님이요 사람이 아님이라 네 가운데 있는 거룩한 이니 진노함으로 네게 임하지 아니하리라

요 17:11 나는 세상에 더 있지 아니하오나 그들은 세상에 있사옵고 나는 아버지께로 가옵나니 거룩하신 아버지여 내게 주신 아버지의 이름으로 그들을 보전하사 우리와 같이 그들도 하나가 되게 하옵소서

요 1:9 참 빛 곧 세상에 와서 각 사람에게 비추는 빛이 있었나니

요 5:22 아버지께서 아무도 심판하지 아니하시고 심판을 다 아들에게 맡기셨으니

68 페이지

9절

계 2:9 내가 네 환난과 궁핍을 아노니 실상은 네가 부요한 자니라 자칭 유대인이라 하는 자들의 훼방도 아노니 실상은 유대인이 아니요 사단의 회라

69 페이지

10절

마 24:36 그러나 그 날과 그 때는 아무도 모르나니 하늘의 천사들도, 아들도 모르고 오직 아버지만 아시느니라

암 3:7 주 여호와께서는 자기의 비밀을 그 종 선지자들에게 보이지 아니하시고는 결코 행하심이 없으시리라

마 24:4 예수께서 대답하여 이르시되 너희가 사람의 미혹을 받지 않도록 주의하라

5 많은 사람이 내 이름으로 와서 이르되 나는 그리스도라 하여 많은 사람을 미혹하리라

6 난리와 난리 소문을 듣겠으나 너희는 삼가 두려워하지 말라 이런 일이 있어야 하되 아직 끝은 아니니라

7 민족이 민족을, 나라가 나라를 대적하여 일어나겠고 곳곳에 기근과 지

진이 있으리니

8 이 모든 것은 재난의 시작이니라

9 그 때에 사람들이 너희를 환난에 넘겨 주겠으며 너희를 죽이리니 너희
가 내 이름 때문에 모든 민족에게 미움을 받으리라

행 2:17 하나님이 말씀하시기를 말세에 내가 내 영을 모든 육체에 부어 주리니 너희의 자녀들은 예언할 것이요 너희의 젊은이들은 환상을 보고 너희의 늙은이들은 꿈을 꾸리라

살전 5:4 형제들아 너희는 어둠에 있지 아니하매 그 날이 도둑 같이 너희에게 임하지 못하리니

마 24:15 그러므로 너희가 선지자 다니엘이 말한 바 멸망의 가증한 것이 거룩한 곳에 선 것을 보거든 (읽는 자는 깨달을진저)

단 12:11 매일 드리는 제사를 폐하며 멸망하게 할 가증한 것을 세울 때부터 천이백구십 일을 지낼 것이요

단 9:27 그가 장차 많은 사람들과 더불어 한 이레 동안의 언약을 굳게 맺고 그가 그 이레의 절반에 제사와 예물을 금지할 것이며 또 포악하여 가증한 것이 날개를 의지하여 설 것이며 또 이미 정한 종말까지 진노가 황폐하게 하는 자에게 쏟아지리라 하였느니라 하니라

〈재림의 때 관련 성구〉

마 24:15 그러므로 너희가 선지자 다니엘이 말한 바 멸망의 가증한 것이 거룩한 곳에 선 것을 보거든 (읽는 자는 깨달을진저)

단 12:11 매일 드리는 제사를 폐하며 멸망하게 할 가증한 것을 세울 때부터 천이백구십 일을 지낼 것이요

단 12:4 다니엘아 마지막 때까지 이 말을 간수하고 이 글을 봉함하라 많

은 사람이 빨리 왕래하며 지식이 더하리라

단 12:7 내가 들은즉 그 세마포 옷을 입고 강물 위쪽에 있는 자가 자기의 좌우 손을 들어 하늘을 향하여 영원히 살아 계시는 이를 가리켜 맹세하여 이르되 반드시 한 때 두 때 반 때를 지나서 성도의 권세가 다 깨지기까지이니 그렇게 되면 이 모든 일이 다 끝나리라 하더라

민 14:34 너희가 그 땅을 탐지한 날수 사십일의 하루를 일년으로 환산하여 그 사십년간 너희가 너희의 죄악을 질찌니 너희가 나의 싫어 버림을 알리라 하셨다 하라

마 24:15 그러므로 너희가 선지자 다니엘이 말한 바 멸망의 가증한 것이 거룩한 곳에 선 것을 보거든 (읽는 자는 깨달을진저)

단 12:12 기다려서 일천 삼백 삼십 오일까지 이르는 그 사람은 복이 있으리라

눅 21:22 이 날들은 기록된 모든 것을 이루는 형벌의 날이니라

70 페이지

눅 17:26 노아의 때에 된 것과 같이 인자의 때에도 그러하리라

단 9:24 네 백성과 네 거룩한 성을 위하여 칠십 이레로 기한을 정하였나니 허물이 마치며 죄가 끝나며 죄악이 영속되며 영원한 의가 드러나며 이상과 예언이 응하며 또 지극히 거룩한 자가 기름부음을 받으리라

25 그러므로 너는 깨달아 알찌니라 예루살렘을 중건하라는 영이 날 때부터 기름부음을 받은 자 곧 왕이 일어나기까지 일곱 이레와 육십 이 이레가 지날 것이요 그 때 곤란한 동안에 성이 중건되어 거리와 해자가 이룰 것이며

26 육십 이 이레 후에 기름부음을 받은 자가 끊어져 없어질 것이며 장차
한 왕의 백성이 와서 그 성읍과 성소를 훼파하려니와 그의 종말은 홍수에 엄
몰됨 같을 것이며 또 끝까지 전쟁이 있으리니 황폐할 것이 작정되었느니라

27 그가 장차 많은 사람으로 더불어 한 이레 동안의 언약을 굳게 정하겠
고 그가 그 이레의 절반에 제사와 예물을 금지할 것이며 또 잔포하여 미운
물건이 날개를 의지하여 설 것이며 또 이미 정한 종말까지 진노가 황폐케
하는 자에게 쏟아지리라 하였느니라

렘 25:9 보라 내가 보내어 북방 모든 족속과 내 종 바벨론 왕 느부갓네살을 불러다가 이 땅과 그 거민과 사방 모든 나라를 쳐서 진멸하여 그들로 놀램과 치소거리가 되게 하며 땅으로 영영한 황무지가 되게 할 것이라

71 페이지

마 24:15 [가장 큰 환난] 그러므로 너희가 선지자 다니엘의 말한바 멸망의 가증한 것이 거룩한 곳에 선 것을 보거든 (읽는 자는 깨달을찐저)

72 페이지

벧전 3:18 그리스도께서도 한번 죄를 위하여 죽으사 의인으로서 불의한
자를 대신하셨으니 이는 우리를 하나님 앞으로 인도하려 하심이라 육체로
는 죽임을 당하시고 영으로는 살리심을 받으셨으니

19 저가 또한 영으로 옥에 있는 영들에게 전파하시니라

20 그들은 전에 노아의 날 방주 예비할 동안 하나님이 오래 참고 기다리
실 때에 순종치 아니하던 자들이라 방주에서 물로 말미암아 구원을 얻은 자

가 몇명 뿐이니 겨우 여덟 명이라

21 물은 예수 그리스도의 부활하심으로 말미암아 이제 너희를 구원하는 표니 곧 세례라 육체의 더러운 것을 제하여 버림이 아니요 오직 선한 양심이 하나님을 향하여 찾아가는 것이라

22 저는 하늘에 오르사 하나님 우편에 계시니 천사들과 권세들과 능력들이 저에게 순복하느니라

히 9:27 한번 죽는 것은 사람에게 정하신 것이요 그 후에는 심판이 있으리니

마 18:18 진실로 너희에게 이르노니 무엇이든지 너희가 땅에서 매면 하늘에서도 매일 것이요 무엇이든지 땅에서 풀면 하늘에서도 풀리리라

73 페이지

계 8:13 내가 또 보고 들으니 공중에 날아가는 독수리가 큰 소리로 이르되 땅에 사는 자들에게 화, 화, 화가 있으리니 이는 세 천사들이 불어야 할 나팔 소리가 남아 있음이로다 하더라

76 페이지

18절

벧전 1:7 너희 믿음의 시련이 불로 연단하여도 없어질 금보다 더 귀하여 예수 그리스도의 나타나실 때에 칭찬과 영광과 존귀를 얻게 하려 함이라

80 페이지

4장 1절

고후 12:1 무익하나마 내가 부득불 자랑하노니 주의 환상과 계시를 말하리라

2 내가 그리스도 안에 있는 한 사람을 아노니 십 사년 전에 그가 세째 하늘에 이끌려 간 자라 (그가 몸 안에 있었는지 몸 밖에 있었는지 나는 모르거니와 하나님은 아시느니라)

3 내가 이런 사람을 아노니 (그가 몸 안에 있었는지 몸 밖에 있었는지 나는 모르거니와 하나님은 아시느니라)

4 그가 낙원으로 이끌려가서 말할 수 없는 말을 들었으니 사람이 가히 이르지 못할 말이로다

하늘에 열린 문

겔 1:1 제 삼십년 사월 오일에 내가 그발강 가 사로잡힌 자 중에 있더니 하늘이 열리며 하나님의 이상을 내게 보이시니

행 7:56 말하되 보라 하늘이 열리고 인자가 하나님 우편에 서신 것을 보노라 한대

마 3:16 예수께서 세례를 받으시고 곧 물에서 올라오실 때 하늘이 열리고 하나님의 성령이 비둘기 같이 내려 자기 위에 임하심을 보시더니

겔 1:1 제 삼십년 사월 오일에 내가 그발강 가 사로잡힌 자 중에 있더니 하늘이 열리며 하나님의 이상을 내게 보이시니

행 7:56 말하되 보라 하늘이 열리고 인자가 하나님의 우편에 서신 것을 보노라 한대

마 3:16 예수께서 세례를 받으시고 곧 물에서 올라 오실째 하늘이 열리고 하나님의 성령이 비둘기같이 내려 자기 위에 임하심을 보시더니

행 10:11 하늘이 열리며 한 그릇이 내려오는 것을 보니 큰 보자기 같고 네 귀를 매어 땅에 드리웠더라

81 페이지

창 28:12 꿈에 본즉 사닥다리가 땅위에 섰는데 그 꼭대기가 하늘에 닿았고 또 본즉 하나님의 사자가 그 위에서 오르락 내리락하고

이리로 올라와라

창 28:17 이에 두려워하여 이르되 두렵도다 이 곳이여 이것은 다름 아닌 하나님의 집이요 이는 하늘의 문이로다 하고

요 1:51 또 이르시되 진실로 진실로 너희에게 이르노니 하늘이 열리고 하나님의 사자들이 인자 위에 오르락 내리락 하는 것을 보리라 하시니라

고후 12:2 내가 그리스도 안에 있는 한 사람을 아노니 십 사년 전에 그가 세째 하늘에 이끌려 간 자라 (그가 몸 안에 있었는지 몸 밖에 있었는지 나는 모르거니와 하나님은 아시느니라)

살전 4:17 그 후에 우리 살아 남은 자도 저희와 함께 구름 속으로 끌어올려 공중에서 주를 영접하게 하시리니 그리하여 우리가 항상 주와 함께 있으리라

출 19:4 나의 애굽 사람에게 어떻게 행하였음과 내가 어떻게 독수리 날개로 너희를 업어 내게로 인도하였음을 너희가 보았느니라

이 일 후에: 6번 나옴

계 4:1 이 일 후에 내가 보니 하늘에 열린 문이 있는데 내가 들은 바 처음에 내게 말하던 나팔 소리 같은 그 음성이 이르되 이리로 올라오라 이 후에 마땅히 일어날 일들을 내가 네게 보이리라 하시더라

계 7:1 이 일 후에 내가 네 천사가 땅 네 모퉁이에 선 것을 보니 땅의 사방의 바람을 붙잡아 바람으로 하여금 땅에나 바다에나 각종 나무에 불지 못하게 하더라

계 7:9 이 일 후에 내가 보니 각 나라와 족속과 백성과 방언에서 아무도 능히 셀 수 없는 큰 무리가 나와 흰 옷을 입고 손에 종려 가지를 들고 보좌 앞과 어린 양 앞에 서서

계 15:5 또 이 일 후에 내가 보니 하늘에 증거 장막의 성전이 열리며

계 18:1 이 일 후에 다른 천사가 하늘에서 내려 오는 것을 보니 큰 권세를 가졌는데 그의 영광으로 땅이 환하여지더라

계 19:1 이 일 후에 내가 들으니 하늘에 허다한 무리의 큰 음성 같은 것이 있어 이르되 할렐루야 구원과 영광과 능력이 우리 하나님께 있도다

82 페이지

2절

막 16:19 주 예수께서 말씀을 마치신 후에 하늘로 올리우사 하나님 우편에 앉으시니라

행 7:55 스데반이 성령이 충만하여 하늘을 우러러 주목하여 하나님의 영광과 및 예수께서 하나님 우편에 서신 것을 보고

계 1:4 요한은 아시아에 있는 일곱 교회에 편지하노니 이제도 계시고 전

에도 계시고 장차 오실 이와 그 보좌 앞에 일곱 영과

83 페이지

계 13:2 내가 본 짐승은 표범과 비슷하고 그 발은 곰의 발 같고 그 입은 사자의 입 같은데 용이 자기의 능력과 보좌와 큰 권세를 그에게 주었더라

계 16:10 또 다섯째 천사가 그 대접을 짐승의 왕좌에 쏟으니 그 나라가 곧 어두워지며 사람들이 아파서 자기 혀를 깨물고

3절

창 1:27 하나님이 자기 형상 곧 하나님의 형상대로 사람을 창조하시되 남자와 여자를 창조하시고

요일 1:5 우리가 저에게서 듣고 너희에게 전하는 소식이 이것이니 곧 하나님은 빛이시라 그에게는 어두움이 조금도 없으시니라

딤전 6:16 오직 그에게만 죽지 아니함이 있고 가까이 가지 못할 빛에 거하시고 아무 사람도 보지 못하였고 또 볼 수 없는 자시니 그에게 존귀와 영원한 능력을 돌릴찌어다 아멘

창 9:12 하나님이 가라사대 내가 나와 너희와 및 너희와 함께하는 모든 생물 사이에 영세까지 세우는 언약의 증거는 이것이라

겔 1:26 그 머리 위에 있는 궁창 위에 보좌의 형상이 있는데 그 모양이 남보석 같고 그 보좌의 형상 위에 한 형상이 있어 사람의 모양 같더라

27 내가 본즉 그 허리 이상의 모양은 단 쇠 같아서 그 속과 주위가 불 같고 그 허리 이하의 모양도 불 같아서 사면으로 광채가 나며

28 그 사면 광채의 모양은 비 오는날 구름에 있는 무지개 같으니 이는 여

호와의 영광의 형상의 모양이라 내가 보고 곧 엎드리어 그 말씀하시는 자의 음성을 들으니라

4절

딤전 3:1 미쁘다 이 말이여, 사람이 감독의 직분을 얻으려하면 선한 일을 사모한다 함이로다

2 그러므로 감독은 책망할 것이 없으며 한 아내의 남편이 되며 절제하며 근신하며 아담하며 나그네를 대접하며 가르치기를 잘하며

3 술을 즐기지 아니하며 구타하지 아니하며 오직 관용하며 다투지 아니하며 돈을 사랑치 아니하며

4 자기 집을 잘 다스려 자녀들로 모든 단정함으로 복종케 하는 자라야 할찌며

5 (사람이 자기 집을 다스릴 줄 알지 못하면 어찌 하나님의 교회를 돌아보리요)

약 5:14 너희 중에 병든 자가 있느냐 저는 교회의 장로들을 청할 것이요 그들은 주의 이름으로 기름을 바르며 위하여 기도할찌니라

84 페이지

딤전 4:14 네 속에 있는 은사 곧 장로의 회에서 안수 받을 때에 예언으로 말미암아 받은 것을 조심 없이 말며

벧전 5:1 너희 중 장로들에게 권하노니 나는 함께 장로 된 자요 그리스도의 고난의 증인이요 나타날 영광에 참예할 자로라

2 너희 중에 있는 하나님의 양 무리를 치되 부득이함으로 하지 말고 오직 하나님의 뜻을 좇아 자원함으로 하며 더러운 이를 위하여 하지 말고 오직

즐거운 뜻으로 하며

3 맡기운 자들에게 주장하는 자세를 하지 말고 오직 양 무리의 본이 되라

5절

출 19:16 제 삼일 아침에 우뢰와 번개와 빽빽한 구름이 산 위에 있고 나팔 소리가 심히 크니 진중 모든 백성이 다 떨더라

겔 1:13 또 생물의 모양은 숯불과 횃불 모양 같은데 그 불이 그 생물 사이에서 오르락 내리락 하며 그 불은 광채가 있고 그 가운데서는 번개가 나며

삼하 22:29 여호와여 주는 나의 등불이시니 여호와께서 나의 흑암을 밝히시리이다

시 119:105 주의 말씀은 내 발에 등이요 내 길에 빛이니이다

6절

엡 5:26 이는 곧 물로 씻어 말씀으로 깨끗하게 하사 거룩하게 하시고

겔 1:10 그 얼굴들의 모양은 넷의 앞은 사람의 얼굴이요 넷의 오른쪽은 사자의 얼굴이요 넷의 왼쪽은 소의 얼굴이요 넷의 뒤는 독수리의 얼굴이니

겔 10:12 그 온 몸과 등과 손과 날개와 바퀴 곧 네 그룹의 바퀴의 둘레에 다 눈이 가득하더라

85 페이지

7절

사자

잠 28:1 악인은 쫓아 오는 자가 없어도 도망하나 의인은 사자 같이 담대

하니라

마 1:1 아브라함과 다윗의 자손 예수 그리스도의 세계라

마 1:21 아들을 낳으리니 이름을 예수라 하라 이는 그가 자기 백성을 저희 죄에서 구원할 자이심이라 하니라

소

레 4:3 만일 기름 부음을 받은 제사장이 범죄하여 백성으로 죄얼을 입게 하였으면 그 범한 죄를 인하여 흠 없는 수송아지로 속죄 제물을 삼아 여호와께 드릴찌니

히 9:12 염소와 송아지의 피로 아니하고 오직 자기 피로 영원한 속죄를 이루사 단번에 성소에 들어 가셨느니라

눅 2:32 이방을 비추는 빛이요 주의 백성 이스라엘의 영광이니이다 하니

눅 19:10 인자의 온 것은 잃어버린 자를 찾아 구원하려 함이니라

사람

출 31:3 하나님의 신을 그에게 충만하게 하여 지혜와 총명과 지식과 여러가지 재주로

사 11:2 여호와의 신 곧 지혜와 총명의 신이요 모략과 재능의 신이요 지식과 여호와를 경외하는 신이 그 위에 강림하시리니

막 3:20 집에 들어가시니 무리가 다시 모이므로 식사할 겨를도 없는지라

막 4:38 예수께서는 고물에서 베개를 베시고 주무시더니 제자들이 깨우며 가로되 선생님이여 우리의 죽게 된것을 돌아보지 아니하시나이까 하니

독수리

사 40:30 소년이라도 피곤하며 곤비하며 장정이라도 넘어지며 자빠지되

31 오직 여호와를 앙망하는 자는 새 힘을 얻으리니 독수리의 날개치며 올
라감 같을 것이요 달음박질하여도 곤비치 아니하겠고 걸어가도 피곤치 아
니하리로다

요 1:1–18

86 페이지

8절

사 6:2 스랍들이 모시고 섰는데 각기 여섯 날개가 있어 그 둘로는 자기의
얼굴을 가리었고 그 둘로는 자기의 발을 가리었고 그 둘로는 날며

겔 1:1–18

95 페이지

5장 1절

단 12:1 그 때에 네 민족을 호위하는 대군 미가엘이 일어날 것이요 또 환
난이 있으리니 이는 개국 이래로 그 때까지 없던 환난일 것이며 그 때에 네
백성 중 무릇 책에 기록된 모든 자가 구원을 얻을 것이라

2 땅의 티끌 가운데서 자는 자 중에 많이 깨어 영생을 얻는 자도 있겠고
수욕을 받아서 무궁히 부끄러움을 입을 자도 있을 것이며

3 지혜 있는 자는 궁창의 빛과 같이 빛날 것이요 많은 사람을 옳은데로 돌
아오게 한 자는 별과 같이 영원토록 비취리라

4 다니엘아 마지막 때까지 이 말을 간수하고 이 글을 봉함하라 많은 사람

이 빨리 왕래하며 지식이 더하리라

96 페이지

겔 2:10 말씀하실 때에 그 신이 내게 임하사 나를 일으켜 세우시기로 내
가 그 말씀하시는 자의 소리를 들으니

겔 3:1 또 그가 내게 이르시되 인자야 너는 발견한 것을 먹으라 너는 이
두루마리를 먹고 가서 이스라엘 족속에게 말하라 하시기로

2 내가 입을 벌리니 그가 그 두루마리를 내게 먹이시며

3 내게 이르시되 인자야 내가 네게 주는 이 두루마리를 네 배에 넣으며 네
창자에 채우라 하시기에 내가 먹으니 그것이 내 입에서 달기가 꿀 같더라

단 12:4 다니엘아 마지막 때까지 이 말을 간수하고 이 글을 봉함하라 많
은 사람이 빨리 왕래하며 지식이 더하리라

5 나 다니엘이 본즉 다른 두 사람이 있어 하나는 강 이편 언덕에 섰고 하
나는 강 저편 언덕에 섰더니

6 그중에 하나가 세마포 옷을 입은 자 곧 강물 위에 있는 자에게 이르되
이 기사의 끝이 어느 때까지냐 하기로

7 내가 들은즉 그 세마포 옷을 입고 강물 위에 있는 자가 그 좌우 손을 들
어 하늘을 향하여 영생하시는 자를 가리켜 맹세하여 가로되 반드시 한때 두
때 반때를 지나서 성도의 권세가 다 깨어지기까지니 그렇게 되면 이 모든
일이 다 끝나리라 하더라

8 내가 듣고도 깨닫지 못한지라 내가 가로되 내 주여 이 모든 일의 결국이
어떠하겠삽나이까

9 그가 가로되 다니엘아 갈찌어다 대저 이 말은 마지막 때까지 간수하고 봉함할 것임이니라

계 22:10 또 내게 말하되 이 책의 예언의 말씀을 인봉하지 말라 때가 가까우니라

97 페이지

2절

계 5:2 또 보매 힘있는 천사가 큰 음성으로 외치기를 누가 그 두루마리를 펴며 그 인을 떼기에 합당하냐 하나

계 10:4 일곱 우레가 말을 할 때에 내가 기록하려고 하다가 곧 들으니 하늘에서 소리가 나서 말하기를 일곱 우레가 말한 것을 인봉하고 기록하지 말라 하더라

계 18:21 이에 한 힘 센 천사가 큰 맷돌 같은 돌을 들어 바다에 던져 이르되 큰 성 바벨론이 이같이 비참하게 던져져 결코 다시 보이지 아니하리로다

98 페이지

3절

단 12:1 그 때에 네 민족을 호위하는 대군 미가엘이 일어날 것이요 또 환난이 있으리니 이는 개국 이래로 그 때까지 없던 환난일 것이며 그 때에 네 백성 중 무릇 책에 기록된 모든 자가 구원을 얻을 것이라

2 땅의 티끌 가운데서 자는 자 중에 많이 깨어 영생을 얻는 자도 있겠고

수욕을 받아서 무궁히 부끄러움을 입을 자도 있을 것이며

3 지혜 있는 자는 궁창의 빛과 같이 빛날 것이요 많은 사람을 옳은데로 돌
아오게 한 자는 별과 같이 영원토록 비취리라

4 다니엘아 마지막 때까지 이 말을 간수하고 이 글을 봉함하라 많은 사람
이 빨리 왕래하며 지식이 더하리라

99 페이지

5절

빌 2:6 그는 근본 하나님의 본체시나 하나님과 동등됨을 취할 것으로 여기지 아니하시고

계 7:3 이르되 우리가 우리 하나님의 종들의 이마에 인치기까지 땅이나 바다나 나무들을 해하지 말라 하더라

101 페이지

8절

신 33:10 주의 법도를 야곱에게, 주의 율법을 이스라엘에게 가르치며 주 앞에 분향하고 온전한 번제를 주의 단 위에 드리리로다

시 141:2 나의 기도가 주의 앞에 분향함과 같이 되며 나의 손 드는 것이 저녁 제사 같이 되게 하소서

계 16:1 또 내가 들으니 성전에서 큰 음성이 나서 일곱 천사에게 말하되 너희는 가서 하나님의 진노의 일곱 대접을 땅에 쏟으라 하더라

9절

요 16:12 내가 아직도 너희에게 이를 것이 많으나 지금은 너희가 감당치 못하리라

요 16:25 이것을 비사로 너희에게 일렀거니와 때가 이르면 다시 비사로 너희에게 이르지 않고 아버지에 대한 것을 밝히 이르리라

계 10:11 저가 내게 말하기를 네가 많은 백성과 나라와 방언과 임금에게 다시 예언하여야 하리라 하더라

시 33:3 새 노래로 그를 노래하며 즐거운 소리로 아름답게 연주할지어다

시 40:3 새 노래 곧 우리 하나님께 올릴 찬송을 내 입에 두셨으니 많은 사람이 보고 두려워하여 여호와를 의지하리로다

시 144:9 하나님이여 내가 주께 새 노래로 노래하며 열 줄 비파로 주를 찬양하리이다

사 42:10 항해하는 자들과 바다 가운데의 만물과 섬들과 거기에 사는 사람들아 여호와께 새 노래로 노래하며 땅 끝에서부터 찬송하라

계 14:3 그들이 보좌 앞과 네 생물과 장로들 앞에서 새 노래를 부르니 땅에서 속량함을 받은 십사만 사천 밖에는 능히 이 노래를 배울 자가 없더라

계 14:1 또 내가 보니 보라 어린 양이 시온산에 섰고 그와 함께 십 사만 사천이 섰는데 그 이마에 어린 양의 이름과 그 아버지의 이름을 쓴 것이 있도다

2 내가 하늘에서 나는 소리를 들으니 많은 물소리도 같고 큰 뇌성도 같은데 내게 들리는 소리는 거문고 타는 자들의 그 거문고 타는 것 같더라

3 저희가 보좌와 네 생물과 장로들 앞에서 새 노래를 부르니 땅에서 구속함을 얻은 십 사만 사천인 밖에는 능히 이 노래를 배울 자가 없더라

4 이 사람들은 여자로 더불어 더럽히지 아니하고 정절이 있는 자라 어린
양이 어디로 인도하든지 따라가는 자며 사람 가운데서 구속을 받아 처음 익
은 열매로 하나님과 어린 양에게 속한 자들이니

5 그 입에 거짓말이 없고 흠이 없는 자들이더라

102 페이지

10절

계 20:4 또 내가 보좌들을 보니 거기 앉은 자들이 있어 심판하는 권세를
받았더라 또 내가 보니 예수의 증거와 하나님의 말씀을 인하여 목 베임을
받은 자의 영혼들과 또 짐승과 그의 우상에게 경배하지도 아니하고 이마와
손에 그의 표를 받지도 아니한 자들이 살아서 그리스도로 더불어 천년 동안
왕노릇 하니

5 (그 나머지 죽은 자들은 그 천년이 차기까지 살지 못하더라) 이는 첫째
부활이라

6 이 첫째 부활에 참예하는 자들은 복이 있고 거룩하도다 둘째 사망이 그
들을 다스리는 권세가 없고 도리어 그들이 하나님과 그리스도의 제사장이
되어 천년 동안 그리스도로 더불어 왕노릇 하리라

벧전 2:9 그러나 너희는 택하신 족속이요 왕 같은 제사장들이요 거룩한
나라요 그의 소유가 된 백성이니 이는 너희를 어두운 데서 불러 내어 그의
기이한 빛에 들어가게 하신 이의 아름다운 덕을 선포하게 하려 하심이라

10 너희가 전에는 백성이 아니더니 이제는 하나님의 백성이요 전에는 긍
휼을 얻지 못하였더니 이제는 긍휼을 얻은 자니라

105 페이지

첫째 인

사 1:18 여호와께서 말씀하시되 오라 우리가 서로 변론하자 너희 죄가 주홍 같을찌라도 눈과 같이 희어질 것이요 진홍 같이 붉을찌라도 양털 같이 되리라

계 3:4 그러나 사데에 그 옷을 더럽히지 아니한 자 몇명이 네게 있어 흰 옷을 입고 나와 함께 다니리니 그들은 합당한 자인 연고라

활

딤후 2:3 네가 그리스도 예수의 좋은 군사로 나와 함께 고난을 받을찌니

4 군사로 다니는 자는 자기 생활에 얽매이는 자가 하나도 없나니 이는 군사로 모집한 자를 기쁘게 하려 함이라

고후 5:18 모든 것이 하나님께로 났나니 저가 그리스도로 말미암아 우리를 자기와 화목하게 하시고 또 우리에게 화목하게 하는 직책을 주셨으니

19 이는 하나님께서 그리스도 안에 계시사 세상을 자기와 화목하게 하시며 저희의 죄를 저희에게 돌리지 아니하시고 화목하게 하는 말씀을 우리에게 부탁하셨느니라

20 이러므로 우리가 그리스도를 대신하여 사신이 되어 하나님이 우리로 너희를 권면하시는 것 같이 그리스도를 대신하여 간구하노니 너희는 하나님과 화목하라

둘째 인

렘 4:30 멸망을 당한 자여 네가 어떻게 하려느냐 네가 붉은 옷을 입고 금 장식으로 단장하고 눈을 그려 꾸밀찌라도 너의 화장한 것이 헛된 일이라 연

인들이 너를 멸시하여 네 생명을 찾느니라

계 12:3 하늘에 또 다른 이적이 보이니 보라 한 큰 붉은 용이 있어 머리가 일곱이요 뿔이 열이라 그 여러 머리에 일곱 면류관이 있는데

칼

레 26:6 내가 그 땅에 평화를 줄 것인즉 너희가 누우나 너희를 두렵게 할 자가 없을 것이며 내가 사나운 짐승을 그 땅에서 제할 것이요 칼이 너희 땅에 두루 행하지 아니할 것이며

렘 5:12 그들이 여호와를 인정치 아니하며 말하기를 여호와는 계신 것이 아닌즉 재앙이 우리에게 임하지 않을 것이요 우리가 칼과 기근을 보지 아니할 것이며

삼상 17:51 다윗이 달려가서 블레셋 사람을 밟고 그의 칼을 그 집에서 빼어내어 그 칼로 그를 죽이고 그 머리를 베니 블레셋 사람들이 자기 용사의 죽음을 보고 도망하는지라

삼하 2:16 각기 적수의 머리를 잡고 칼로 적수의 옆구리를 찌르매 일제히 쓰러진지라 그러므로 그곳을 헬갓핫수림이라 일컬었으며 기브온에 있더라

셋째 인

애 5:10 주림의 열기로 인하여 우리의 피부가 아궁이처럼 검으니이다

암 5:11 너희가 가난한 자를 밟고 저에게서 밀의 부당한 세를 취하였은즉 너희가 비록 다듬은 돌로 집을 건축하였으나 거기 거하지 못할 것이요 아름다운 포도원을 심었으나 그 포도주를 마시지 못하리라

107 페이지

6장

개요

단 9:27 그가 장차 많은 사람으로 더불어 한 이레 동안의 언약을 굳게 정하겠고 그가 그 이레의 절반에 제사와 예물을 금지할 것이며 또 잔포하여 미운 물건이 날개를 의지하여 설 것이며 또 이미 정한 종말까지 진노가 황폐케 하는 자에게 쏟아지리라 하였느니라

단 12:8 내가 듣고도 깨닫지 못한지라 내가 가로되 내 주여 이 모든 일의 결국이 어떠하겠삽나이까

슥 6:1 내가 또 눈을 들어본즉 네 병거가 두 산 사이에서 나왔는데 그 산은 놋산이더라

2 첫째 병거는 홍마들이, 둘째 병거는 흑마들이

3 셋째 병거는 백마들이, 네째 병거는 어룽지고 건장한 말들이 메었는지라

4 내가 내게 말하는 천사에게 물어 가로되 내 주여 이것들이 무엇이니이까

5 천사가 대답하여 가로되 이는 하늘의 네 바람인데 온 세상의 주 앞에 모셨다가 나가는 것이라 하더라

렘 5:13 선지자들은 바람이라 말씀이 그들의 속에 있지 아니한즉 그같이 그들이 당하리라 하느니라

109 페이지

2절

수 9:13 우리의 악한 행실과 큰 죄로 인하여 이 모든 일을 당하였사오나 우리 하나님이 우리 죄악보다 형벌을 경하게 하시고 이만큼 백성을 남겨 주셨사오니

히 3:8 노하심을 격동하여 광야에서 시험하던 때와 같이 너희 마음을 강퍅케 하지 말라

시 45:5 왕의 살이 날카로워 왕의 원수의 염통을 뚫으니 만민이 왕의 앞에 엎드러지는도다

창 49:24 요셉의 활은 도리어 굳세며 그의 팔은 힘이 있으니 이는 야곱의 전능자 이스라엘의 반석인 목자의 손을 힘입음이라

삼하 22:35 내 손을 가르쳐 싸우게 하시니 내 팔이 놋 활을 당기도다

욥 29:20 내 영광은 내게 새로워지고 내 손에서 내 화살이 끊이지 않았노라

계 17:14 저희가 어린 양으로 더불어 싸우려니와 어린 양은 만주의 주시요 만왕의 왕이시므로 저희를 이기실터이요 또 그와 함께 있는 자들 곧 부르심을 입고 빼내심을 얻고 진실한 자들은 이기리로다

계 19:15 그의 입에서 이한 검이 나오니 그것으로 만국을 치겠고 친히 저희를 철장으로 다스리며 또 친히 하나님 곧 전능하신 이의 맹렬한 진노의 포도주 틀을 밟겠고

113 페이지

4절

렘 4:30 멸망을 당한 자여 네가 어떻게 하려느냐 네가 붉은 옷을 입고 금 장식으로 단장하고 눈을 그려 꾸밀찌라도 너의 화장한 것이 헛된 일이라 연인들이 너를 멸시하여 네 생명을 찾느니라

사 1:18 여호와께서 말씀하시되 오라 우리가 서로 변론하자 너희 죄가 주홍 같을찌라도 눈과 같이 희어질 것이요 진홍 같이 붉을찌라도 양털 같이 되리라

114 페이지

사 49:2 내 입을 날카로운 칼 같이 만드시고 나를 그 손 그늘에 숨기시며 나로 마광한 살을 만드사 그 전통에 감추시고

히 4:12 하나님의 말씀은 살았고 운동력이 있어 좌우에 날선 어떤 검보다도 예리하여 혼과 영과 및 관절과 골수를 찔러 쪼개기까지 하며 또 마음의 생각과 뜻을 감찰하나니

5절

암 8:11 주 여호와께서 가라사대 보라 날이 이를찌라 내가 기근을 땅에 보내리니 양식이 없어 주림이 아니며 물이 없어 갈함이 아니요 여호와의 말씀을 듣지 못한 기갈이라

115 페이지

적그리스도의 의미

요이 1:7 미혹하는 자가 많이 세상에 나왔나니 이는 예수 그리스도께서 육체로 임하심을 부인하는 자라 이것이 미혹하는 자요 적그리스도니

요일 2:22 거짓말하는 자가 누구뇨 예수께서 그리스도이심을 부인하는 자가 아니뇨 아버지와 아들을 부인하는 그가 적그리스도니

요일 4:3 예수를 시인하지 아니하는 영마다 하나님께 속한 것이 아니니 이것이 곧 적그리스도의 영이니라 오리라 한 말을 너희가 들었거니와 이제 벌써 세상에 있느니라

마 12:32 또 누구든지 말로 인자를 거역하면 사하심을 얻되 누구든지 말로 성령을 거역하면 이 세상과 오는 세상에도 사하심을 얻지 못하리라

116 페이지

10절

계 14:4 이 사람들은 여자로 더불어 더럽히지 아니하고 정절이 있는 자라 어린 양이 어디로 인도하든지 따라가는 자며 사람 가운데서 구속을 받아 처음 익은 열매로 하나님과 어린 양에게 속한 자들이니

계 19:1 이 일 후에 내가 들으니 하늘에 허다한 무리의 큰 음성 같은 것이 있어 가로되 할렐루야 구원과 영광과 능력이 우리 하나님께 있도다

117 페이지

11절

갈 4:4 때가 차매 하나님이 그 아들을 보내사 여자에게서 나게 하시고 율
법 아래 나게 하신 것은

5 율법 아래 있는 자들을 속량하시고 우리로 아들의 명분을 얻게 하려 하
심이라

6 너희가 아들인고로 하나님이 그 아들의 영을 우리 마음 가운데 보내사
아바 아버지라 부르게 하셨느니라

마 16:19 내가 천국 열쇠를 네게 주리니 네가 땅에서 무엇이든지 매면
하늘에서도 매일 것이요 네가 땅에서 무엇이든지 풀면 하늘에서도 풀리리
라 하시고

고전 15:45 기록된바 첫 사람 아담은 산 영이 되었다 함과 같이 마지막
아담은 살려 주는 영이 되었나니

46 그러나 먼저는 신령한 자가 아니요 육 있는 자요 그 다음에 신령한 자
니라

단 9:27 그가 장차 많은 사람으로 더불어 한 이레 동안의 언약을 굳게 정
하겠고 그가 그 이레의 절반에 제사와 예물을 금지할 것이며 또 잔포하여
미운 물건이 날개를 의지하여 설 것이며 또 이미 정한 종말까지 진노가 황
폐케 하는 자에게 쏟아지니라 하였느니라

118 페이지

12절

사 13:10 하늘의 별들과 별 떨기가 그 빛을 내지 아니하며 해가 돋아도 어두우며 달이 그 빛을 비취지 아니할 것이로다

마 24:8 이 모든 것이 재난의 시작이니라

창 37:9 요셉이 다시 꿈을 꾸고 그 형들에게 고하여 가로되 내가 또 꿈을 꾼즉 해와 달과 열 한 별이 내게 절하더이다 하니라

13절

눅 18:8 내가 너희에게 이르노니 속히 그 원한을 풀어 주시리라 그러나 인자가 올 때에 세상에서 믿음을 보겠느냐 하시니라

마 7:23 그때에 내가 저희에게 밝히 말하되 내가 너희를 도무지 알지 못하니 불법을 행하는 자들아 내게서 떠나가라 하리라

사 34:4 하늘의 만상이 사라지고 하늘들이 두루마리 같이 말리되 그 만상의 쇠잔함이 포도나무 잎이 마름 같고 무화과나무 잎이 마름 같으리라

14절

마 24:35 천지는 없어지겠으나 내 말은 없어지지 아니하리라

요 14:6 예수께서 가라사대 내가 곧 길이요 진리요 생명이니 나로 말미암지 않고는 아버지께로 올 자가 없느니라

15절

요12:44예수께서 외쳐 가리시대 나를 믿는 자는 나를 믿는 것이 아니요 나를 보내신 이를 믿는 것이며

119 페이지

계 20:3 무저갱에 던져 잠그고 그 위에 인봉하여 천년이 차도록 다시는 만국을 미혹하지 못하게 하였다가 그 후에는 반드시 잠간 놓이리라

16절

계 7:9 이 일 후에 내가 보니 각 나라와 족속과 백성과 방언에서 아무라도 능히 셀 수 없는 큰 무리가 흰 옷을 입고 손에 종려 가지를 들고 보좌 앞과 어린 양 앞에 서서

신 32:31 대적의 반석이 우리의 반석과 같지 못하니 대적도 스스로 판단하도다

17절

마 24장

121 페이지

7장

개요

계 3:10 네가 나의 인내의 말씀을 지켰은즉 내가 또한 너를 지키어 시험의 때를 면하게 하리니 이는 장차 온 세상에 임하여 땅에 거하는 자들을 시험할 때라

계 7:2 또 보매 다른 천사가 살아계신 하나님의 인을 가지고 해 돋는 데로부터 올라와서 땅과 바다를 해롭게 할 권세를 얻은 네 천사를 향하여 큰 소리로 외쳐

122 페이지

1절

렘 29:11 나 여호와가 말하노라 너희를 향한 나의 생각는 내가 아나니 재앙이 아니라 곧 평안이요 너희 장래에 소망을 주려하는 생각이라

123 페이지

2절

슥 3:1 대제사장 여호수아는 여호와의 사자 앞에 섰고 사단은 그의 우편에 서서 그를 대적하는 것을 여호와께서 내게 보이시니라

겔 43:4 여호와의 영광이 동문으로 말미암아 전으로 들어가고

슥 14:4 그날에 그의 발이 예루살렘 앞 곧 동편 감람산에 서실 것이요 감람산은 그 한가운데가 동서로 갈라져 매우 큰 골짜기가 되어서 산 절반은 북으로, 절반은 남으로 옮기고

계 7:14 내가 가로되 내 주여 당신이 알리이다 하니 그가 나더러 이르되 이는 큰 환난에서 나오는 자들인데 어린양의 피에 그 옷을 어 희게 하였느니라

15 그러므로 그들이 하나님의 보좌 앞에 있고 또 그의 성전에서 밤낮 하나님을 섬기매 보좌에 앉으신 이가 그들 위에 장막을 치시리니

124 페이지

마 2:1 헤롯왕 때에 예수께서 유대 베들레헴에서 나시매 동방으로부터 박사들이 예루살렘에 이르러 말하되

3절

계 9:14 나팔 가진 여섯째 천사에게 말하기를 큰 강 유브라데에 결박한 네 천사를 놓아 주라 하매

계 8:13 내가 또 보고 들으니 공중에 날아가는 독수리가 큰 소리로 이르되 땅에 거하는 자들에게 화, 화, 화가 있으리로다 이 외에도 세 천사의 불 나팔소리를 인함이로다 하더라

계 9:12 첫째 화는 지나갔으나 보라 아직도 이 후에 화 둘이 이르리로다

시 23:4 내가 사망의 음침한 골짜기로 다닐지라도 해를 두려워하지 않을 것은 주께서 나와 함께 하심이라 주의 지팡이와 막대기가 나를 안위하시나이다

계 13:16 그가 모든 자 곧 작은 자나 큰 자나 부자나 가난한 자나 자유인이나 종들에게 그 오른손에나 이마에 표를 받게 하고

17 누구든지 이 표를 가진 자 외에는 매매를 못하게 하니 이 표는 곧 짐승의 이름이나 그 이름의 수라

요 3:33 그의 증언을 받는 자는 하나님이 참되시다는 것을 인쳤느니라

엡 1:13 그 안에서 너희도 진리의 말씀 곧 너희의 구원의 복음을 듣고 그 안에서 또한 믿어 약속의 성령으로 인치심을 받았으니

4절

겔 9:4 여호와께서 이르시되 너는 예루살렘 성읍 중에 순행하여 그 가운

데에서 행하는 모든 가증한 일로 말미암아 탄식하며 우는 자의 이마에 표를 그리라 하시고5그들에 대하여 내 귀에 이르시되 너희는 그를 따라 성읍 중에 다니며 불쌍히 여기지 말며 긍휼을 베풀지 말고 쳐서

6 늙은 자와 젊은 자와 처녀와 어린이와 여자를 다 죽이되 이마에 표 있는 자에게는 가까이 하지 말라 내 성소에서 시작할지니라 하시매 그들이 성전 앞에 있는 늙은 자들로부터 시작하더라

계 17:14 저희가 어린 양으로 더불어 싸우려니와 어린 양은 만주의 주시요 만왕의 왕이시므로 저희를 이기실터이요 또 그와 함께 있는 자들 곧 부르심을 입고 빼내심을 얻고 진실한 자들은 이기리로다

계 11:3 내가 나의 두 증인에게 권세를 주리니 그들이 굵은 베옷을 입고 천이백육십 일을 예언하리라

125 페이지

계 7:17 이는 보좌 가운데 계신 어린 양이 저희의 목자가 되사 생명수 샘으로 인도하시고 하나님께서 저희 눈에서 모든 눈물을 씻어 주실 것임이러라

계 22:17 성령과 신부가 말씀하시기를 오라 하시는도다 듣는 자도 오라 할 것이요 목마른 자도 올 것이요 또 원하는 자는 값 없이 생명수를 받으라 하시더라

창 32:27 그 사람이 그에게 이르되 네 이름이 무엇이냐 그가 가로되 야곱이니이다

28 그 사람이 가로되 네 이름을 다시는 야곱이라 부를 것이 아니요 이스라엘이라 부를 것이니 이는 네가 하나님과 사람으로 더불어 겨루어 이기었음이니라

롬2:28대저 표면적 유대인이 유대인이 아니요 표면적 육신의 할례가 할례가 아니라

신천지 오류

약 1:18 그가 그 피조물 중에 우리로 한 첫 열매가 되게 하시려고 자기의 뜻을 따라 진리의 말씀으로 우리를 낳으셨느니라

약 1:1 하나님과 주 예수 그리스도의 종 야고보는 흩어져 있는 열두 지파에게 문안하노라

14만4천의 의미

전 7:28 내 마음에 찾아도 아직 얻지 못한 것이 이것이라 일천 남자 중에서 하나를 얻었거니와 일천 여인 중에서는 하나도 얻지 못하였느니라

계 14:1 또 내가 보니 보라 어린 양이 시온 산에 섰고 그와 함께 십사만 사천이 서 있는데 그들의 이마에는 어린 양의 이름과 그 아버지의 이름을 쓴 것이 있더라

2 내가 하늘에서 나는 소리를 들으니 많은 물 소리와도 같고 큰 우렛소리와도 같은데 내가 들은 소리는 거문고 타는 자들이 그 거문고를 타는 것 같더라

3 그들이 보좌 앞과 네 생물과 장로들 앞에서 새 노래를 부르니 땅에서 속량함을 받은 십사만 사천 밖에는 능히 이 노래를 배울 자가 없더라

4 이 사람들은 여자와 더불어 더럽히지 아니하고 순결한 자라 어린 양이 어디로 인도하든지 따라가는 자며 사람 가운데에서 속량함을 받아 처음 익은 열매로 하나님과 어린 양에게 속한 자들이니

계 19:7 우리가 즐거워하고 크게 기뻐하여 그에게 영광을 돌리세 어린 양의 혼인 기약이 이르렀고 그 아내가 예비하였으니

8 그에게 허락하사 빛나고 깨끗한 세마포를 입게 하셨은즉 이 세마포는 성도들의 옳은 행실이로다 하더라

9 천사가 내게 말하기를 기록하라 어린 양의 혼인 잔치에 청함을 입은 자들이 복이 있도다 하고 또 내게 말하되 이것은 하나님의 참되신 말씀이라 하기로

계 22:17 성령과 신부가 말씀하시기를 오라 하시는도다 듣는 자도 오라 할 것이요 목마른 자도 올 것이요 또 원하는 자는 값 없이 생명수를 받으라 하시더라

127 페이지

계 7:9 이 일 후에 내가 보니 각 나라와 족속과 백성과 방언에서 아무도 능히 셀 수 없는 큰 무리가 나와 흰 옷을 입고 손에 종려 가지를 들고 보좌 앞과 어린 양 앞에 서서

10 큰 소리로 외쳐 이르되 구원하심이 보좌에 앉으신 우리 하나님과 어린 양에게 있도다 하니

11 모든 천사가 보좌와 장로들과 네 생물의 주위에 서 있다가 보좌 앞에 엎드려 얼굴을 대고 하나님께 경배하여

12 이르되 아멘 찬송과 영광과 지혜와 감사와 존귀와 권능과 힘이 우리 하나님께 세세토록 있을 지어다 아멘

13 장로 중 하나가 응답하여 나에게 이 흰 옷 입은 자들이 누구며 또 어디서 왔느냐

14 내가 말하기를 내 주여 당신이 아시나이다 하니 그가 나에게 이르되

이는 큰 환난에서 나오는 자들인데 어린 양의 피에 그 옷을 씻어 희게 하였
느니라

15 그러므로 그들이 하나님의 보좌 앞에 있고 또 그의 성전에서 밤낮 하
나님을 섬기매 보좌에 앉으신 이가 그들 위에 장막을 치시리니

16 그들이 다시는 주리지도 아니하며 목마르지도 아니하고 해나 아무 뜨
거운 기운에 상하지도 아니하리니

17 이는 보좌 가운데에 계신 어린 양이 그들의 목자가 되사 생명수 샘으
로 인도하시고 하나님께서 그들의 눈에서 모든 눈물을 씻어 주실 것임이라

살전 4:13 형제들아 자는 자들에 관하여는 너희가 알지 못함을 우리가
원하지 아니하노니 이는 소망 없는 다른 이와 같이 슬퍼하지 않게 하려 함
이라

14 우리가 예수께서 죽으셨다가 다시 살아나심을 믿을진대 이와 같이 예
수 안에서 자는 자들도 하나님이 그와 함께 데리고 오시리라

15 우리가 주의 말씀으로 너희에게 이것을 말하노니 주께서 강림하실 때
까지 우리 살아 남아 있는 자도 자는 자보다 결코 앞서지 못하리라

16 주께서 호령과 천사장의 소리와 하나님의 나팔 소리로 친히 하늘로부
터 강림하시리니 그리스도 안에서 죽은 자들이 먼저 일어나고

17 그 후에 우리 살아 남은 자들도 그들과 함께 구름 속으로 끌어 올려 공
중에서 주를 영접하게 하시리니 그리하여 우리가 항상 주와 함께 있으리라

고전 15:51 보라 내가 너희에게 비밀을 말하노니 우리가 다 잠 잘 것이
아니요 마지막 나팔에 순식간에 홀연히 다 변화되리니

52 나팔 소리가 나매 죽은 자들이 썩지 아니할 것으로 다시 살아나고 우
리도 변화되리라

계 11:7 그들이 그 증언을 마칠 때에 무저갱으로부터 올라오는 짐승이
그들과 더불어 전쟁을 일으켜 그들을 이기고 그들을 죽일 터인즉
8 그들의 시체가 큰 성 길에 있으리니 그 성은 영적으로 하면 소돔이라고
도 하고 애굽이라고도 하니 곧 그들의 주께서 십자가에 못 박히신 곳이라
9 백성들과 족속과 방언과 나라 중에서 사람들이 그 시체를 사흘 반 동안
을 보며 무덤에 장사하지 못하게 하리로다
10 이 두 선지자가 땅에 사는 자들을 괴롭게 한 고로 땅에 사는 자들이 그
들의 죽음을 즐거워하고 기뻐하여 서로 예물을 보내리라 하더라
11 삼 일 반 후에 하나님께로부터 생기가 그들 속에 들어가매 그들이 발
로 일어서니 구경하는 자들이 크게 두려워하더라
12 하늘로부터 큰 음성이 있어 이리로 올라오라 함을 그들이 듣고 구름을
타고 하늘로 올라가니 그들의 원수들도 구경하더라
13 그 때에 큰 지진이 나서 성 십분의 일이 무너지고 지진에 죽은 사람이
칠천이라 그 남은 자들이 두려워하여 영광을 하늘의 하나님께 돌리더라
계 14:4 이 사람들은 여자와 더불어 더럽히지 아니하고 순결한 자라 어
린 양이 어디로 인도하든지 따라가는 자며 사람 가운데에서 속량함을 받아
처음 익은 열매로 하나님과 어린 양에게 속한 자들이니
5 그 입에 거짓말이 없고 흠이 없는 자들이더라

9절

창 13:16 내가 네 자손이 땅의 티끌 같게 하리니 사람이 땅의 티끌을 능
히 셀 수 있을진대 네 자손도 세리라

계 19:8 그에게 허락하사 빛나고 깨끗한 세마포를 입게 하셨은즉 이 세
마포는 성도들의 옳은 행실이로다 하더라

계 22:14 그 두루마기를 빠는 자들은 복이 있으니 이는 저희가 생명 나무에 나아가며 문들을 통하여 성에 들어갈 권세를 얻으려 함이로다

시 92:12 의인은 종려나무 같이 번성하며 레바논의 백향목 같이 발육하리로다

암 7:6 주 여호와께서 이에 대하여 뜻을 돌이켜 가라사대 이것도 이루지 아니하리라 하시니라

7 또 내게 보이신 것이 이러하니라 다림줄을 띄우고 쌓은 담 곁에 주께서 손에 다림줄을 잡고 서셨더니

8 내게 이르시되 아모스야 네가 무엇을 보느냐 내가 대답하되 다림줄이니이다 주께서 가라사대 내가 다림줄을 내 백성 이스라엘 가운데 베풀고 다시는 용서치 아니하리니

요 12:13 종려나무 가지를 가지고 맞으러 나가 외치되 호산나 찬송하리로다 주의 이름으로 오시는이 곧 이스라엘의 왕이시여 하더라

128 페이지

계 10:7 일곱째 천사가 소리 내는 날 그의 나팔을 불려고 할 때에 하나님이 그의 종 선지자들에게 전하신 복음과 같이 하나님의 그 비밀이 이루어지리라 하더라

살전 4:16 주께서 호령과 천사장의 소리와 하나님의 나팔 소리로 친히 하늘로부터 강림하시리니 그리스도 안에서 죽은 자들이 먼저 일어나고

마 24:30 그때에 인자의 징조가 하늘에서 보이겠고 그 때에 땅의 모든 족속들이 통곡하며 그들이 인자가 구름을 타고 능력과 큰 영광으로 오는 것

을 보리라

고전 15:51 보라 내가 너희에게 비밀을 말하노니 우리가 다 잠 잘 것이 아니요 마지막 나팔에 순식간에 홀연히 다 변화되리니

13절

계 14:1 또 내가 보니 보라 어린 양이 시온산에 섰고 그와 함께 십 사만 사천이 섰는데 그 이마에 어린 양의 이름과 그 아버지의 이름을 쓴 것이 있도다

2 내가 하늘에서 나는 소리를 들으니 많은 물소리도 같고 큰 뇌성도 같은데 내게 들리는 소리는 거문고 타는 자들의 그 거문고 타는 것 같더라

3 저희가 보좌와 네 생물과 장로들 앞에서 새 노래를 부르니 땅에서 구속함을 얻은 십 사만 사천인 밖에는 능히 이 노래를 배울 자가 없더라

129 페이지

14절

계 19:9 천사가 내게 말하기를 기록하라 어린 양의 혼인 잔치에 청함을 입은 자들이 복이 있도다 하고 또 내게 말하되 이것은 하나님의 참되신 말씀이라 하기로

계 19:13 또 그가 피 뿌린 옷을 입었는데 그 이름은 하나님의 말씀이라 칭하더라

15절

계 22:3 다시 저주가 없으며 하나님과 그 어린 양의 보좌가 그 가운데에 있으리니 그의 종들이 그를 섬기며

계 21:3 내가 들으니 보좌에서 큰 음성이 나서 이르되 보라 하나님의 장막이 사람들과 함께 있으매 하나님이 그들과 함께 계시리니 그들은 하나님의 백성이 되고 하나님은 친히 그들과 함께 계셔서

출 40:34 그 후에 구름이 회막에 덮이고 여호와의 영광이 성막에 충만하매

히 8:2 성소와 참장막에 부리는 자라 이 장막은 주께서 베푸신 것이요 사람이 한 것이 아니니라

16절

사 49:10 그들이 주리거나 목마르지 아니할 것이며 더위와 볕이 그들을 상하지 아니하리니 이는 그들을 긍휼히 여기는 이가 그들을 이끌되 샘물 근원으로 인도할 것임이라

17절

계 21:6 또 내게 말씀하시되 이루었도다 나는 알파와 오메가요 처음과 마지막이라 내가 생명수 샘물을 목마른 자에게 값없이 주리니

계 21:4 모든 눈물을 그 눈에서 닦아 주시니 다시는 사망이 없고 애통하는 것이나 곡하는 것이나 아픈 것이 다시 있지 아니하리니 처음 것들이 다 지나갔음이러라

계 19:9 천사가 내게 말하기를 기록하라 어린 양의 혼인 잔치에 청함을 입은 자들이 복이 있도다 하고 또 내게 말하되 이것은 하나님의 참되신 말씀이라 하기로

슥 14:8 그 날에 생수가 예루살렘에서 솟아나서 절반은 동해로, 절반은 서해로 흐를 것이라 여름에도 겨울에도 그러하리라

131 페이지

8장

개요

계 6:13 하늘의 별들이 무화과나무가 대풍에 흔들려 선 과실이 떨어지는 것 같이 땅에 떨어지며

14 하늘은 두루마리가 말리는 것 같이 떠나가고 각 산과 섬이 제 자리에서 옮겨지매

132 페이지

1절

렘 29:11 여호와의 말씀이니라 너희를 향한 나의 생각을 내가 아나니 평안이요 재앙이 아니니라 너희에게 미래와 희망을 주는 것이니라

133 페이지

2절

사 27:13 그 날에 큰 나팔을 울려 불리니 앗수르 땅에서 파멸케 된 자와 애굽 땅으로 쫓겨난 자가 돌아와서 예루살렘 성산에서 여호와께 경배하리라

마 24:31 저가 큰 나팔소리와 함께 천사들을 보내리니 저희가 그 택하신 자들을 하늘 이 끝에서 저 끝까지 사방에서 모으리라

고전 15:52 나팔 소리가 나매 죽은 자들이 썩지 아니할 것으로 다시 살

고 우리도 변화하리라

살전 4:16 주께서 호령과 천사장의 소리와 하나님의 나팔로 친히 하늘로 좇아 강림하시리니 그리스도 안에서 죽은 자들이 먼저 일어나고

습 1:16 나팔을 불어 경고하며 견고한 성읍을 치며 높은 망대를 치는 날이로다

민 10:2 은나팔 둘을 만들되 쳐서 만들어서 그것으로 회중을 소집하며 진을 진행케 할 것이라

3 두 나팔을 불 때에는 온 회중이 회막 문 앞에 모여서 네게로 나아올 것이요

4 하나만 불 때에는 이스라엘 천부장 된 족장들이 모여서 네게로 나아올 것이며

5 너희가 그것을 울려 불 때에는 동편 진들이 진행할 것이고

6 제 이차로 울려 불 때에는 남편 진들이 진행할 것이라 무릇 진행하려 할 때에는 나팔소리를 울려 불 것이며

7 또 회중을 모을 때에도 나팔을 불 것이나 소리를 울려 불지 말 것이며

딤후 2:3 네가 그리스도 예수의 좋은 군사로 나와 함께 고난을 받을찌니

4 군사로 다니는 자는 자기 생활에 얽매이는 자가 하나도 없나니 이는 군사로 모집한 자를 기쁘게 하려 함이라

3절

계 6:9 다섯째 인을 떼실 때에 내가 보니 하나님의 말씀과 저희의 가진 증거를 인하여 죽임을 당한 영혼들이 제단 아래 있어

10 큰 소리로 불러 가로되 거룩하고 참되신 대주재여 땅에 거하는 자들을

심판하여 우리 피를 신원하여 주지 아니하시기를 어느 때까지 하시려나이까 하니

11 각각 저희에게 흰 두루마기를 주시며 가라사대 아직 잠시 동안 쉬되 저희 동무 종들과 형제들도 자기처럼 죽임을 받아 그 수가 차기까지 하라 하시더라

4절

계 7:4 내가 인맞은 자의 수를 들으니 이스라엘 자손의 각 지파 중에서 인맞은 자들이 십 사만 사천이니

134 페이지

5절

삼상 7:10 사무엘이 번제를 드릴 때에 블레셋 사람이 이스라엘과 싸우려고 가까이 오매 그 날에 여호와께서 블레셋 사람에게 큰 우뢰를 발하여 그들을 어지럽게 하시니 그들이 이스라엘 앞에 패한지라

삼하 22:14 여호와께서 하늘에서 뇌성을 발하시며 지존하신 자가 음성을 내심이여

15 살을 날려 저희를 흩으시며 번개로 파하셨도다

시 104:7 주의 견책을 인하여 도망하며 주의 우뢰 소리를 인하여 빨리 가서

출 19:16 제 삼일 아침에 우뢰와 번개와 빽빽한 구름이 산 위에 있고 나팔 소리가 심히 크니 진중 모든 백성이 다 떨더라

17 모세가 하나님을 맞으려고 백성을 거느리고 진에서 나오매 그들이 산 기슭에 섰더니

겔 1:13 또 생물의 모양은 숯불과 횃불 모양 같은데 그 불이 그 생물 사이
에서 오르락 내리락 하며 그 불은 광채가 있고 그 가운데서는 번개가 나며

14 그 생물의 왕래가 번개 같이 빠르더라

출 19:18 시내산에 연기가 자욱하니 여호와께서 불 가운데서 거기 강림
하심이라 그 연기가 옹기점 연기 같이 떠오르고 온 산이 크게 진동하며

왕상 19:11 여호와께서 가라사대 너는 나가서 여호와의 앞에서 산에 섰
으라 하시더니 여호와께서 지나가시는데 여호와의 앞에 크고 강한 바람이
산을 가르고 바위를 부수나 바람 가운데 여호와께서 계시지 아니하며 바람
후에 지진이 있으나 지진 가운데도 여호와께서 계시지 아니하며

12 또 지진 후에 불이 있으나 불 가운데도 여호와께서 계시지 아니하더니
불 후에 세미한 소리가 있는지라

나팔소리

민 10:2 은나팔 둘을 만들되 두들겨 만들어서 그것으로 회중을 소집하며
진영을 출발하게 할 것이라

3 나팔 두 개를 불 때에는 온 회중이 회막문 앞에 모여서 네게로 나아올 것이요

4 하나만 불 때에는 이스라엘의 천부장 된 지휘관들이 모여서 네게로 나
아올 것이며

5 너희가 그것을 크게 불 때에는 동쪽 진영들이 행진할 것이며

6 두 번째로 크게 불 때에는 남쪽 진영들이 행진할 것이라 떠나려 할 때에
는 나팔 소리를 크게 불 것이며

7 또 회중을 모을 때에도 나팔을 불 것이나 소리를 크게 내지 말며

8 그 나팔은 아론의 자손인 제사장들이 불지니 이는 너희 대대에 영원한
율례니라

9 또 너희 땅에서 너희가 자기를 압박하는 대적을 치러 나갈 때에는 나팔
을 크게 불지니 그리하면 너희 하나님 여호와가 너희를 기억하고 너희를 너
희의 대적에게서 구원하시리라

10 또 너희의 희락의 날과 너희가 정한 절기와 초하루에는 번제물을 드리
고 화목제물을 드리며 나팔을 불라 그로 말미암아 너희의 하나님이 너희를
기억하시리라 나는 너희의 하나님 여호와니라

출 19:16 셋째 날 아침에 우레와 번개와 빽빽한 구름이 산 위에 있고 나
팔 소리가 매우 크게 들리니 진중에 있는 모든 백성이 다 떨더라

17 모세가 하나님을 맞으려고 백성을 거느리고 진에서 나오매 그들이 산
기슭에 서 있는데

18 시내 산에 연기가 자욱하니 여호와께서 불 가운데서 거기 강림하심이
라 그 연기가 옹기 가마 연기 같이 떠오르고 온 산이 크게 진동하며

수 6:1 이스라엘 자손들로 말미암아 여리고는 굳게 닫혔고 출입하는 자
가 없더라

2 여호와께서 여호수아에게 이르시되 보라 내가 여리고와 그 왕과 용사
들을 네 손에 넘겨 주었으니

3 너희 모든 군사는 그 성을 둘러 성 주위를 매일 한 번씩 돌되 엿새 동안
을 그리하라

4 제사장 일곱은 일곱 양각 나팔을 잡고 언약궤 앞에서 나아갈 것이요 일
곱째 날에는 그 성을 일곱 번 돌며 그 제사장들은 나팔을 불 것이며

135 페이지

7절

사 14:12 너 아침의 아들 계명성이여 어찌 그리 하늘에서 떨어졌으며 너
열국을 엎은 자여 어찌 그리 땅에 찍혔는고

13 네가 네 마음에 이르기를 내가 하늘에 올라 하나님의 뭇별 위에 나의
보좌를 높이리라 내가 북극 집회의 산 위에 좌정하리라

겔 5:2 그 성읍을 에워싸는 날이 차거든 너는 터럭 삼분의 일은 성읍 안에서 불사르고 삼분의 일은 성읍 사방에서 칼로 치고 또 삼분의 일은 바람에 흩으라 내가 그 뒤를 따라 칼을 빼리라

겔 5:12 너희 가운데에서 삼분의 일은 전염병으로 죽으며 기근으로 멸망할 것이요 삼분의 일은 너의 사방에서 칼에 엎드러질 것이며 삼분의 일은 내가 사방에 흩어 버리고 또 그 뒤를 따라 가며 칼을 빼리라

슥 13:8 여호와가 말하노라 이 온 땅에서 삼분지 이는 멸절하고 삼분지
일은 거기 남으리니

9 내가 그 삼분지 일을 불 가운데 던져 은 같이 연단하며 금 같이 시험할
것이라 그들이 내 이름을 부르리니 내가 들을 것이며 나는 말하기를 이는
내 백성이라 할 것이요 그들은 말하기를 여호와는 내 하나님이시라 하리라

136 페이지

계 9:12 첫째 화는 지나갔으나 보라 아직도 이 후에 화 둘이 이르리로다

출 9:13 여호와께서 모세에게 이르시되 아침에 일찌기 일어나 바로 앞에

서서 그에게 이르기를 히브리 사람의 하나님 여호와의 말씀에 내 백성을 보
내라 그들이 나를 섬길 것이니라

14 내가 이번에는 모든 재앙을 네 마음과 네 신하와 네 백성에게 내려 너
로 온 천하에 나와 같은 자가 없음을 알게 하리라

시 78:47 저희 포도나무를 우박으로, 저희 뽕나무를 서리로 죽이셨으며

시 105:32 비 대신 우박을 내리시며 저희 땅에 화염을 내리셨도다

슥 13:8 여호와가 말하노라 이 온 땅에서 삼분지 이는 멸절하고 삼분지
일은 거기 남으리니

9 내가 그 삼분지 일을 불 가운데 던져 은 같이 연단하며 금 같이 시험할
것이라 그들이 내 이름을 부르리니 내가 들을 것이며 나는 말하기를 이는
내 백성이라 할 것이요 그들은 말하기를 여호와는 내 하나님이시라 하리라

렘 5:14 그러므로 만군의 하나님 여호와가 이같이 말하노라 그들이 이
말을 하였은즉 볼찌어다 내가 네 입에 있는 나의 말로 불이 되게 하고 이 백
성으로 나무가 되게 하리니 그 불이 그들을 사르리라

사 40:6 말하는 자의 소리여 가로되 외치라 대답하되 내가 무엇이라 외
치리이까 가로되 모든 육체는 풀이요 그 모든 아름다움은 들의 꽃 같으니

7 풀은 마르고 꽃은 시듦은 여호와의 기운이 그 위에 붊이라 이 백성은 실
로 풀이로다

8절

출 7:14 여호와께서 모세에게 이르시되 바로의 마음이 완강하여 백성 보
내기를 거절하는도다

15 아침에 너는 바로에게로 가라 보라 그가 물 있는 곳으로 나오리니 너
는 나일 강 가에 서서 그를 맞으며 그 뱀 되었던 지팡이를 손에 잡고

16 그에게 이르기를 히브리 사람의 하나님 여호와께서 나를 왕에게 보내
어 이르시되 내 백성을 보내라 그러면 그들이 광야에서 나를 섬길 것이니라
하였으나 이제까지 네가 듣지 아니하도다

17 여호와가 이같이 이르노니 네가 이로 말미암아 나를 여호와인 줄 알리
라 볼지어다 내가 내 손의 지팡이로 나일 강을 치면 그것이 피로 변하고

18 나일 강의 고기가 죽고 그 물에서는 악취가 나리니 애굽 사람들이 그
강 물 마시기를 싫어하리라 하라

19 여호와께서 또 모세에게 이르시되 아론에게 명령하기를 네 지팡이를
잡고 네 팔을 애굽의 물들과 강들과 운하와 못과 모든 호수 위에 내밀라 하
라 그것들이 피가 되리니 애굽 온 땅과 나무 그릇과 돌 그릇 안에 모두 피가
있으리라

20 모세와 아론이 여호와께서 명령하신 대로 행하여 바로와 그의 신하의
목전에서 지팡이를 들어 나일 강을 치니 그 물이 다 피로 변하고

21 나일 강의 고기가 죽고 그 물에서는 악취가 나니 애굽 사람들이 나일
강 물을 마시지 못하며 애굽 온 땅에는 피가 있으나

22 애굽 요술사들도 자기들의 요술로 그와 같이 행하므로 바로의 마음이
완악하여 그들의 말을 듣지 아니하니 여호와의 말씀과 같더라

23 바로가 돌이켜 궁으로 들어가고 그 일에 관심을 가지지도 아니하였고

24 애굽 사람들은 나일 강 물을 마실 수 없으므로 나일 강 가를 두루 파서
마실 물을 구하였더라

25 여호와께서 나일 강을 치신 후 이레가 지나니라

사 2:2 말일에 여호와의 전의 산이 모든 산 꼭대기에 굳게 설 것이요 모
든 작은 산 위에 뛰어나리니 만방이 그리로 모여 들 것이라

137 페이지

렘 5:25 너희 허물이 이러한 일들을 물리쳤고 너희 죄가 너희에게 오는 좋은 것을 막았느니라

계 17:5 그 이마에 이름이 기록되었으니 비밀이라, 큰 바벨론이라, 땅의 음녀들과 가증한 것들의 어미라 하였더라

계 18:2 힘센 음성으로 외쳐 가로되 무너졌도다 무너졌도다 큰 성 바벨론이여 귀신의 처소와 각종 더러운 영의 모이는 곳과 각종 더럽고 가증한 새의 모이는 곳이 되었도다

계 8:21

계 21:1 또 내가 새 하늘과 새 땅을 보니 처음 하늘과 처음 땅이 없어졌고 바다도 다시 있지 않더라

단 7:3 큰 짐승 넷이 바다에서 나왔는데 그 모양이 각각 다르니

9절

마 12:32 또 누구든지 말로 인자를 거역하면 사하심을 얻되 누구든지 말로 성령을 거역하면 이 세상과 오는 세상에도 사하심을 얻지 못하리라

138 페이지

10절

계 9:1 다섯째 천사가 나팔을 불매 내가 보니 하늘에서 땅에 떨어진 별 하나가 있는데 저가 무저갱의 열쇠를 받았더라

계 1:20 네 본 것은 내 오른손에 일곱 별의 비밀과 일곱 금 촛대라 일곱 별은 일곱 교회의 사자요 일곱 촛대는 일곱 교회니라

계 22:16 나 예수는 교회들을 위하여 내 사자를 보내어 이것들을 너희에게 증거하게 하였노라 나는 다윗의 뿌리요 자손이니 곧 광명한 새벽별이라 하시더라

마 2:2 유대인의 왕으로 나신 이가 어디 계시뇨 우리가 동방에서 그의 별을 보고 그에게 경배하러 왔노라 하니

슥 12:6 그 날에 내가 유다 두목들로 나무 가운데 화로 같게 하며 곡식단 사이에 횃불 같게 하리니 그들이 그 좌우에 에워싼 모든 국민을 사를 것이요 예루살렘 사람은 다시 그 본 곳 예루살렘에 거하게 되리라

사 66:12 여호와께서 이같이 말씀하시되 보라 내가 그에게 평강을 강 같이, 그에게 열방의 영광을 넘치는 시내 같이 주리니 너희가 그 젖을 빨 것이며 너희가 옆에 안기며 그 무릎에서 놀 것이라

시 36:8 저희가 주의 집의 살찐 것으로 풍족할 것이라 주께서 주의 복락의 강수로 마시우시리이다.

9 대저 생명의 원천이 주께 있사오니 주의 광명 중에 우리가 광명을 보리이다

요 7:38 나를 믿는 자는 성경에 이름과 같이 그 배에서 생수의 강이 흘러나리라 하시니

39 이는 그를 믿는 자의 받을 성령을 가리켜 말씀하신 것이라 (예수께서 아직 영광을 받지 못하신 고로 성령이 아직 저희에게 계시지 아니하시더라)

잠 13:14 지혜 있는 자의 교훈은 생명의 샘이라 사람으로 사망의 그물을 벗어나게 하느니라

잠 14:27 여호와를 경외하는 것은 생명의 샘이라 사망의 그물에서 벗어나게 하느니라

수 13:1 여호수아가 나이 많아 늙으매 여호와께서 그에게 이르시되 너는 나이 많아 늙었고 얻을 땅의 남은 것은 매우 많도다

시 40:10 내가 주의 의를 내 심중에 숨기지 아니하고 주의 성실과 구원을 선포하였으며 내가 주의 인자와 진리를 대회 중에서 은휘치 아니하였나이다

잠 10:11 의인의 입은 생명의 샘이라도 악인의 입은 독을 머금었느니라

139 페이지

11절

신 29:8 그 땅을 취하여 르우벤과 갓과 므낫세 반 지파에게 기업으로 주었나니

12절

창 37:9 요셉이 다시 꿈을 꾸고 그 형들에게 고하여 가로되 내가 또 꿈을 꾼즉 해와 달과 열 한 별이 내게 절하더이다 하니라

13절

렘 48:40 이는 여호와의 말씀이니라 보라 그가 독수리 같이 날아와서 모압 위에 그의 날개를 펴리라

겔 17:3 여호와께서 이같이 말씀하여 이르시되 색깔이 화려하고 날개가 크고 깃이 길고 털이 숱한 큰 독수리가 레바논에 이르러 백향목 높은 가지를 꺾되

호 8:1 나팔을 네 입에 댈지어다 원수가 독수리처럼 여호와의 집에 덮치
리니 이는 그들이 내 언약을 어기며 내 율법을 범함이로다

140 페이지

출 19:4 내가 애굽 사람에게 어떻게 행하였음과 내가 어떻게 독수리 날
개로 너희를 업어 내게로 인도하였음을 너희가 보았느니라

잠 23:5 네가 어찌 허무한 것에 주목하겠느냐 정녕히 재물은 스스로 날
개를 내어 하늘을 나는 독수리처럼 날아가리라

사 40:31 오직 여호와를 앙망하는 자는 새 힘을 얻으리니 독수리가 날개
치며 올라감 같을 것이요 달음박질하여도 곤비하지 아니하겠고 걸어가도
피곤하지 아니하리로다

렘 48:40 이는 여호와의 말씀이니라 보라 그가 독수리 같이 날아와서 모
압 위에 그의 날개를 펴리라

41 성읍들이 점령을 당하며 요새가 함락되는 날에 모압 용사의 마음이 산
고를 당하는 여인 같을 것이라

42 모압이 여호와를 거슬러 자만하였으므로 멸망하고 다시 나라를 이루
지 못하리로다

욥 39:26 매가 떠올라서 날개를 펼쳐 남방으로 향하는 것이 어찌 네 지
혜로 말미암음이냐

27 독수리가 공중에 떠서 높은 곳에 보금자리를 만드는 것이 어찌 네 명
령을 의지함이냐

28 그것이 낭떠러지에 집을 지으며 뾰족한 바위 끝이나 험준한데 거하며

29 거기서 움킬만한 것을 살피나니 그 눈이 멀리 봄이며

30 그 새끼들도 피를 빠나니 살륙 당한 자 있는 곳에는 그것도 거기 있느
니라

마 24:28 주검이 있는 곳에는 독수리들이 모일찌니라

계 12:14 그 여자가 큰 독수리의 두 날개를 받아 광야 자기 곳으로 날아
가 거기서 그 뱀의 낯을 피하여 한 때와 두 때와 반 때를 양육 받으매

계 4:7 그 첫째 생물은 사자 같고 그 둘째 생물은 송아지 같고 그 세째 생
물은 얼굴이 사람 같고 그 네째 생물은 날아가는 독수리 같은데

계 16:16 세 영이 히브리 음으로 아마겟돈이라 하는 곳으로 왕들을 모으
더라

계 19:17 또 내가 보니 한 천사가 해에 서서 공중에 나는 모든 새를 향하
여 큰 음성으로 외쳐 가로되 와서 하나님의 큰 잔치에 모여

18 왕들의 고기와 장군들의 고기와 장사들의 고기와 말들과 그 탄 자들의
고기와 자유한 자들이나 종들이나 무론대소하고 모든 자의 고기를 먹으라
하더라

19 또 내가 보매 그 짐승과 땅의 임금들과 그 군대들이 모여 그 말 탄 자
와 그의 군대로 더불어 전쟁을 일으키다가

20 짐승이 잡히고 그 앞에서 이적을 행하던 거짓 선지자도 함께 잡혔으니
이는 짐승의 표를 받고 그의 우상에게 경배하던 자들을 이적으로 미혹하던
자라 이 둘이 산채로 유황불 붙는 못에 던지우고

21 그 나머지는 말 탄 자의 입으로 나오는 검에 죽으매 모든 새가 그 고기
로 배불리우더라

145 페이지

9장

개요

계 9:1 다섯째 천사가 나팔을 불매 내가 보니 하늘에서 땅에 떨어진 별 하나가 있는데 저가 무저갱의 열쇠를 받았더라

계 11:7 저희가 그 증거를 마칠 때에 무저갱으로부터 올라오는 짐승이 저희로 더불어 전쟁을 일으켜 저희를 이기고 저희를 죽일터인즉

계 13:1 내가 보니 바다에서 한 짐승이 나오는데 뿔이 열이요 머리가 일곱이라 그 뿔에는 열 면류관이 있고 그 머리들에는 참람된 이름들이 있더라

계 17:7 천사가 가로되 왜 기이히 여기느냐 내가 여자와 그의 탄바 일곱 머리와 열 뿔 가진 짐승의 비밀을 네게 이르리라

146 페이지

1절

눅 10:18 예수께서 이르시되 사단이 하늘로서 번개 같이 떨어지는 것을 내가 보았노라

요 13:2 마귀가 벌써 시몬의 아들 가룟 유다의 마음에 예수를 팔려는 생각을 넣었더니

계 20:3 무저갱에 던져 잠그고 그 위에 인봉하여 천년이 차도록 다시는 만국을 미혹하지 못하게 하였다가 그 후에는 반드시 잠간 놓이리라

147 페이지

3절

왕상 12:11 내 부친이 너희로 무거운 멍에를 메게 하였으나 이제 나는 너희의 멍에를 더욱 무겁게 할찌라 내 부친은 채찍으로 너희를 징치하였으나 나는 전갈로 너희를 징치하리라 하소서

12 삼일만에 여로보암과 모든 백성이 르호보암에게 나아왔으니 이는 왕이 명하여 이르기를 삼일만에 내게로 다시 오라 하였음이라

13 왕이 포학한 말로 백성에게 대답할쌔 노인의 교도를 버리고

14 소년의 가르침을 좇아 저희에게 고하여 가로되 내 부친은 너희의 멍에를 무겁게 하였으나 나는 너희의 멍에를 더욱 무겁게 할찌라 내 부친은 채찍으로 너희를 징치하였으나 나는 전갈로 너희를 징치하리라 하니라

겔 2:6 인자야 너는 비록 가시와 찔레와 함께 처하며 전갈 가운데 거할찌라도 그들을 두려워 말고 그 말을 두려워 말찌어다 그들은 패역한 족속이라도 그 말을 두려워 말며 그 얼굴을 무서워 말찌어다

사 33:4 황충의 모임 같이 사람이 너희 노략물을 모을 것이며 메뚜기의 뛰어 오름 같이 그들이 그 위로 뛰어 오르리라

렘 46:23 나 여호와가 말하노라 그들이 황충보다 많고 계수할 수 없으므로 조사할 수 없는 그의 수풀을 찍을 것이라

렘 51:4 무리가 갈대아인의 땅에서 죽임을 당하여 엎드러질 것이요 그 거리에서 찔림을 당한 자가 엎드러지리라 하시도다

눅 10:19 내가 너희에게 뱀과 전갈을 밟으며 원수의 모든 능력을 제어할 권세를 주었으니 너희를 해할 자가 결단코 없으리라

4절

누 10:19 내가 너희에게 뱀과 전갈을 밟으며 원수의 모든 능력을 제어할 권세를 주었으니 너희를 해할 자가 결단코 없으리라

요 10:28 내가 저희에게 영생을 주노니 영원히 멸망치 아니할 터이요 또 저희를 내 손에서 빼앗을 자가 없느니라

148 페이지

5절

눅 7:41 이르시되 빚 주는 사람에게 빚진 자가 둘이 있어 하나는 오백 데나리온을 졌고 하나는 오십 데나리온을 졌는데

7절

고후 11:13 저런 사람들은 거짓 사도요 궤휼의 역군이니 자기를 그리스도의 사도로 가장하는 자들이니라

14 이것이 이상한 일이 아니라 사단도 자기를 광명의 천사로 가장하나니

15 그러므로 사단의 일군들도 자기를 의의 일군으로 가장하는 것이 또한 큰 일이 아니라 저희의 결국은 그 행위대로 되리라

149 페이지

10절

단 9:27 그가 장차 많은 사람으로 더불어 한 이레 동안의 언약을 굳게 정하겠고 그가 그 이레의 절반에 제사와 예물을 금지할 것이며 또 잔포하여

미운 물건이 날개를 의지하여 설 것이며 또 이미 정한 종말까지 진노가 황폐케 하는 자에게 쏟아지리라 하였느니라

11절

계 9:1 다섯째 천사가 나팔을 불매 내가 보니 하늘에서 땅에 떨어진 별 하나가 있는데 저가 무저갱의 열쇠를 받았더라

사 14:12 너 아침의 아들 계명성이여 어찌 그리 하늘에서 떨어졌으며 너 열국을 엎은 자여 어찌 그리 땅에 찍혔는고

요 8:44 너희는 너희 아비 마귀에게서 났으니 너희 아비의 욕심을 너희도 행하고자 하느니라 저는 처음부터 살인한 자요 진리가 그 속에 없으므로 진리에 서지 못하고 거짓을 말할 때마다 제 것으로 말하나니 이는 저가 거짓말장이요 거짓의 아비가 되었음이니라

12절

계 11:2 성전 밖 마당은 척량하지 말고 그냥 두라 이것을 이방인에게 주었은즉 저희가 거룩한 성을 마흔 두달 동안 짓밟으리라

150 페이지

13절

계 7:1 이 일 후에 내가 네 천사가 땅 네 모퉁이에 선 것을 보니 땅의 사방의 바람을 붙잡아 바람으로 하여금 땅에나 바다에나 각종 나무에 불지 못하게 하더라

2 또 보매 다른 천사가 살아 계신 하나님의 인을 가지고 해 돋는 데로부터 올라와서 땅과 바다를 해롭게 할 권세를 받은 네 천사를 향하여 큰 소리로 외쳐

3 이르되 우리가 우리 하나님의 종들의 이마에 인치기까지 땅이나 바다
나 나무들을 해하지 말라 하더라

계 8:3 또 다른 천사가 와서 제단 곁에 서서 금 향로를 가지고 많은 향을 받았으니 이는 모든 성도의 기도와 합하여 보좌 앞 금 제단에 드리고자 함이라

시 18:2 여호와는 나의 반석이시요 나의 요새시요 나를 건지시는 자시요 나의 하나님이시요 나의 피할 바위시요 나의 방패시요 나의 구원의 뿔이시요 나의 산성이시로다

삼하 22:2 가로되 여호와는 나의 반석이시요 나의 요새시요 나를 건지시는 자시요

3 나의 하나님이시요 나의 피할 바위시요 나의 방패시요 나의 구원의 뿔
이시요 나의 높은 망대시요 나의 피란처시요 나의 구원자시라 나를 흉악에
서 구원하셨도다

14절

창 2:14 셋째 강의 이름은 힛데겔이라 앗수르 동편으로 흐르며 네째 강은 유브라데더라

151 페이지

17절

계 11:7 저희가 그 증거를 마칠 때에 무저갱으로부터 올라오는 짐승이 저희로 더불어 전쟁을 일으켜 저희를 이기고 저희를 죽일터인즉

계 6:3 둘째 인을 떼실 때에 내가 들으니 둘째 생물이 말하되 오라 하더니

4 이에 붉은 다른 말이 나오더라 그 탄 자가 허락을 받아 땅에서 화평을 제하여 버리며 서로 죽이게 하고 또 큰 칼을 받았더라

계 13:1 내가 보니 바다에서 한 짐승이 나오는데 뿔이 열이요 머리가 일곱이라 그 뿔에는 열 면류관이 있고 그 머리들에는 참람된 이름들이 있더라

계 13:11 내가 보매 또 다른 짐승이 땅에서 올라오니 새끼양 같이 두 뿔이 있고 용처럼 말하더라

렘 5:13 선지자들은 바람이라 말씀이 그들의 속에 있지 아니한즉 그같이 그들이 당하리라 하느니라

152 페이지

19절

마 10:16 보라 내가 너희를 보냄이 양을 이리 가운데 보냄과 같도다 그러므로 너희는 뱀 같이 지혜롭고 비둘기 같이 순결하라

20절

계 6:15 땅의 임금들과 왕족들과 장군들과 부자들과 강한 자들과 각 종과 자주자가 굴과 산 바위틈에 숨어

계 16:11 아픈 것과 종기로 인하여 하늘의 하나님을 훼방하고 저희 행위를 회개치 아니하더라

156 페이지

10장 1절

슥 3:1 대제사장 여호수아는 여호와의 사자 앞에 섰고 사단은 그의 우편에 서서 그를 대적하는 것을 여호와께서 내게 보이시니라

출 19:9 여호와께서 모세에게 이르시되 내가 빽빽한 구름 가운데서 네게 임함은 내가 너와 말하는 것을 백성으로 듣게 하며 또한 너를 영영히 믿게 하려함이니라 모세가 백성의 말로 여호와께 고하였으므로

출 33:9 모세가 회막에 들어갈 때에 구름 기둥이 내려 회막문에 서며 여호와께서 모세와 말씀하시니

민 12:5 여호와께서 구름 기둥 가운데로서 강림하사 장막 문에 서시고 아론과 미리암을 부르시는지라 그 두 사람이 나아가매

신 31:15 여호와께서 구름 기둥 가운데서 장막에 나타나시고 구름 기둥은 장막문 위에 머물렀더라

창 9:13 내가 내 무지개를 구름 속에 두었나니 이것이 나의 세상과의 언약의 증거니라

사 46:11 내가 동방에서 독수리를 부르며 먼 나라에서 나의 모략을 이룰 사람을 부를 것이라 내가 말하였은즉 정녕 이룰 것이요 경영하였은즉 정녕 행하리라

157 페이지

2절

고전 13:12 우리가 이제는 거울로 보는것 같이 희미하나 그 때에는 얼굴과 얼굴을 대하여 볼 것이요 이제는 내가 부분적으로 아나 그 때에는 주께서 나를 아신 것 같이 내가 온전히 알리라

요 16:25 이것을 비사로 너희에게 일렀거니와 때가 이르면 다시 비사로 너희에게 이르지 않고 아버지에 대한 것을 밝히 이르리라

요 16:12 내가 아직도 너희에게 이를 것이 많으나 지금은 너희가 감당치 못하리라

시 69:34 천지가 그를 찬송할 것이요 바다와 그 중의 모든 동물도 그리할찌로다

3절

호 11:10 저희가 사자처럼 소리를 발하시는 여호와를 좇을 것이라 여호와께서 소리를 발하시면 자손들이 서편에서부터 떨며 오되

암 3:8 사자가 부르짖은즉 누가 두려워하지 아니하겠느냐 주 여호와께서 말씀하신즉 누가 예언하지 아니하겠느냐

4절

출 19:16 제 삼일 아침에 우뢰와 번개와 빽빽한 구름이 산 위에 있고 나팔 소리가 심히 크니 진중 모든 백성이 다 떨더라

시 104:7 주의 견책을 인하여 도망하며 주의 우뢰 소리를 인하여 빨리 가서

단8:26이미 말한바 주야에 대한 이상이 확실하니 너는 그 이상을 간수하

라 이는 여러 날 후의 일임이니라

계 16:1 또 내가 들으니 성전에서 큰 음성이 나서 일곱 천사에게 말하되 너희는 가서 하나님의 진노의 일곱 대접을 땅에 쏟으라 하더라

계 10:7 일곱째 천사가 소리 내는 날 그 나팔을 불게 될 때에 하나님의 비밀이 그 종 선지자들에게 전하신 복음과 같이 이루리라

158 페이지

5절

단 12:6 그 중에 하나가 세마포 옷을 입은 자 곧 강물 위쪽에 있는 자에게 이르되 이 놀라운 일의 끝이 어느 때까지냐 하더라

7 내가 들은즉 그 세마포 옷을 입고 강물 위쪽에 있는 자가 자기의 좌우 손을 들어 하늘을 향하여 영원히 살아 계시는 이를 가리켜 맹세하여 이르되 반드시 한 때 두 때 반 때를 지나서 성도의 권세가 다 깨지기까지이니 그렇게 되면 이 모든 일이 다 끝나리라 하더라

159 페이지

7절

고전 4:1 사람이 마땅히 우리를 그리스도의 일꾼이요 하나님의 비밀을 맡은 자로 여길지어다

8절

계5:1내가 보매 보좌에 앉으신 이의 오른손에 두루마리가 있으니 안팎으

로 썼고 일곱 인으로 봉하였더라

계 10:2 그 손에 펴 놓인 작은 책을 들고 그 오른발은 바다를 밟고 왼발은 땅을 밟고

계 10:8 하늘에서 나서 내게 들리던 음성이 또 내게 말하여 가로되 네가 가서 바다와 땅을 밟고 섰는 천사의 손에 펴 놓인 책을 가지라하기로

계 22:10 또 내게 말하되 이 책의 예언의 말씀을 인봉하지 말라 때가 가까우니라

계 10:11 저가 내게 말하기를 네가 많은 백성과 나라와 방언과 임금에게 다시 예언하여야 하리라 하더라

계 14:3 저희가 보좌와 네 생물과 장로들 앞에서 새 노래를 부르니 땅에서 구속함을 얻은 십 사만 사천인 밖에는 능히 이 노래를 배울 자가 없더라

계 15:3 하나님의 종 모세의 노래, 어린 양의 노래를 불러 가로되 주 하나님 곧 전능하신이시여 하시는 일이 크고 기이하시도다 만국의 왕이시여 주의 길이 의롭고 참되시도다

요 16:25 이것을 비사로 너희에게 일렀거니와 때가 이르면 다시 비사로 너희에게 이르지 않고 아버지에 대한 것을 밝히 이르리라

고전 13:12 우리가 이제는 거울로 보는것 같이 희미하나 그 때에는 얼굴과 얼굴을 대하여 볼 것이요 이제는 내가 부분적으로 아나 그 때에는 주께서 나를 아신 것 같이 내가 온전히 알리라

160 페이지

9절

겔 2:9 내가 보니 한 손이 나를 향하여 펴지고 그 손에 두루마리 책이 있더라

10 그가 그것을 내 앞에 펴시니 그 안팎에 글이 있는데 애가와 애곡과 재앙의 말이 기록되었더라

겔 3:1 그가 또 내게 이르시되 인자야 너는 받는 것을 먹으라 너는 이 두루마리를 먹고 가서 이스라엘 족속에게 고하라 하시기로

2 내가 입을 벌리니 그가 그 두루마리를 내게 먹이시며

3 내게 이르시되 인자야 내가 네게 주는 이 두루마리로 네 배에 넣으며 네 창자에 채우라 하시기에 내가 먹으니 그것이 내 입에서 달기가 꿀 같더라

11절

계 5:5 장로 중에 하나가 내게 말하되 울지 말라 유대 지파의 사자 다윗의 뿌리가 이기었으니 이 책과 그 일곱 인을 떼시리라 하더라

요 16:12 내가 아직도 너희에게 이를 것이 많으나 지금은 너희가 감당치 못하리라

요 16:25 이것을 비사로 너희에게 일렀거니와 때가 이르면 다시 비사로 너희에게 이르지 않고 아버지에 대한 것을 밝히 이르리라

고전 13:12 우리가 이제는 거울로 보는것 같이 희미하나 그 때에는 얼굴과 얼굴을 대하여 볼 것이요 이제는 내가 부분적으로 아나 그 때에는 주께서 나를 아신 것 같이 내가 온전히 알리라

164 페이지

11장 1절

겔 40:3 나를 데리시고 거기 이르시니 모양이 놋 같이 빛난 사람 하나가 손에 삼줄과 척량하는 장대를 가지고 문에 서서 있더니

4 그 사람이 내게 이르되 인자야 내가 네게 보이는 그것을 눈으로 보고 귀로 들으며 네 마음으로 생각할찌어다 내가 이것을 네게 보이려고 이리로 데리고 왔나니 너는 본 것을 다 이스라엘 족속에게 고할찌어다 하더라

사 10:5 화 있을진저 앗수르 사람이여 그는 나의 진노의 막대기요 그 손의 몽둥이는 나의 분한이라

165 페이지

2절

성전바깥 마당

계 11:7 저희가 그 증거를 마칠 때에 무저갱으로부터 올라오는 짐승이 저희로 더불어 전쟁을 일으켜 저희를 죽일터인즉

계 13:5 또 짐승이 큰 말과 참람된 말 하는 입을 받고 또 마흔 두달 일할 권세를 받으니라

계 13:15 저가 권세를 받아 그 짐승의 우상에게 생기를 주어 그 짐승의 우상으로 말하게 하고 또 짐승의 우상에게 경배하지 아니하는 자는 몇이든지 다 죽이게 하더라

마흔 두달

계 11:2 성전 밖 마당은 척량하지 말고 그냥 두라 이것을 이방인에게 주었은즉 저희가 거룩한 성을 마흔 두달 동안 짓밟으리라

계 13:5 또 짐승이 큰 말과 참람된 말하는 입을 받고 또 마흔 두달 일할 권세를 받으니라

계 11:3 내가 나의 두 증인에게 권세를 주리니 저희가 굵은 베옷을 입고 일천 이백 육십 일을 예언하리라

계 12:6 그 여자가 광야로 도망하매 거기서 일천 이백 육십일 동안 저를 양육하기 위하여 하나님의 예비하신 곳이 있더라

계 12:14 그 여자가 큰 독수리의 두 날개를 받아 광야 자기 곳으로 날아가 거기서 그 뱀의 낯을 피하여 한 때와 두 때와 반 때를 양육 받으매

단 9:27 그가 장차 많은 사람들과 더불어 한 이레 동안의 언약을 굳게 맺고 그가 그 이레의 절반에 제사와 예물을 금지할 것이며 또 포악하여 가증한 것이 날개를 의지하여 설 것이며 또 이미 정한 종말까지 진노가 황폐하게 하는 자에게 쏟아지리라 하였느니라 하니라

단 7:25 그가 장차 지극히 높으신 이를 말로 대적하며 또 지극히 높으신 이의 성도를 괴롭게 할 것이며 그가 또 때와 법을 고치고자 할 것이며 성도들은 그의 손에 붙인 바 되어 한 때와 두 때와 반 때를 지내리라

단 12:7 내가 들은즉 그 세마포 옷을 입고 강물 위쪽에 있는 자가 자기의 좌우 손을 들어 하늘을 향하여 영원히 살아 계시는 이를 가리켜 맹세하여 이르되 반드시 한 때 두 때 반 때를 지나서 성도의 권세가 다 깨지기까지이니 그렇게 되면 이 모든 일이 다 끝나리라 하더라

단 12:11 매일 드리는 제사를 폐하며 멸망하게 할 가증한 것을 세울 때부터 천이백구십 일을 지낼 것이요

166 페이지

마 24:15 그러므로 너희가 선지자 다니엘의 말한바 멸망의 가증한 것이
거룩한 곳에 선 것을 보거든 (읽는 자는 깨달을찐저)

눅 21:20 너희가 예루살렘이 군대들에게 에워싸이는 것을 보거든 그 멸
망이 가까운 줄을 알라

21 그 때에 유대에 있는 자들은 산으로 도망할찌며 성내에 있는 자들은
나갈찌며 촌에 있는 자들은 그리로 들어가지 말찌어다

22 이 날들은 기록된 모든 것을 이루는 형벌의 날이니라

23 그 날에는 아이 밴 자들과 젖먹이는 자들에게 화가 있으리니 이는 땅
에 큰 환난과 이 백성에게 진노가 있겠음이로다

24 저희가 칼날에 죽임을 당하며 모든 이방에 사로잡혀 가겠고 예루살렘
은 이방인의 때가 차기까지 이방인들에게 밟히리라

167 페이지

4절

계 6:2 내가 이에 보니 흰 말이 있는데 그 탄 자가 활을 가졌고 면류관을
받고 나가서 이기고 또 이기려고 하더라

계 17:14 저희가 어린 양으로 더불어 싸우려니와 어린 양은 만주의 주시
요 만왕의 왕이시므로 저희를 이기실터이요 또 그와 함께 있는 자들 곧 부
르심을 입고 빼내심을 얻고 진실한 자들은 이기리로다

계 19:11 또 내가 하늘이 열린 것을 보니 보라 백마와 탄 자가 있으니 그

이름은 충신과 진실이라 그가 공의로 심판하며 싸우더라

계 1:20 네 본 것은 내 오른손에 일곱 별의 비밀과 일곱 금 촛대라 일곱 별은 일곱 교회의 사자요 일곱 촛대는 일곱 교회니라

168 페이지

계 17:14 저희가 어린 양으로 더불어 싸우려니와 어린 양은 만주의 주시요 만왕의 왕이시므로 저희를 이기실터이요 또 그와 함께 있는 자들 곧 부르심을 입고 빼내심을 얻고 진실한 자들은 이기리로다

계 19:11 또 내가 하늘이 열린 것을 보니 보라 백마와 탄 자가 있으니 그 이름은 충신과 진실이라 그가 공의로 심판하며 싸우더라

계 20:1 또 내가 보매 천사가 무저갱 열쇠와 큰 쇠사슬을 그 손에 가지고 하늘로서 내려와서

2 용을 잡으니 곧 옛 뱀이요 마귀요 사단이라 잡아 일천년 동안 결박하여

3 무저갱에 던져 잠그고 그 위에 인봉하여 천년이 차도록 다시는 만국을 미혹하지 못하게 하였다가 그 후에는 반드시 잠간 놓이리라

계 20:6 이 첫째 부활에 참예하는 자들은 복이 있고 거룩하도다 둘째 사망이 그들을 다스리는 권세가 없고 도리어 그들이 하나님과 그리스도의 제사장이 되어 천년 동안 그리스도로 더불어 왕노릇 하리라

169 페이지

7절

계 20:4 또 내가 보좌들을 보니 거기 앉은 자들이 있어 심판하는 권세를 받았더라 또 내가 보니 예수의 증거와 하나님의 말씀을 인하여 목 베임을 받은 자의 영혼들과 또 짐승과 그의 우상에게 경배하지도 아니하고 이마와 손에 그의 표를 받지도 아니한 자들이 살아서 그리스도로 더불어 천년 동안 왕노릇 하니

단 2장

단 7:1-28

벧전 2:4 사람에게는 버린 바가 되었으나 하나님께는 택하심을 입은 보배로운 산 돌이신 예수에게 나아와

고전 10:4 다 같은 신령한 음료를 마셨으니 이는 저희를 따르는 신령한 반석으로부터 마셨으매 그 반석은 곧 그리스도시라

단 2:35 때에 철과 진흙과 놋과 은과 금이 다 부숴져 여름 타작마당의 겨 같이 되어 바람에 불려 간곳이 없었고 우상을 친 돌은 태산을 이루어 온 세계에 가득하였었나이다

단 2:45 왕이 사람의 손으로 아니하고 산에서 뜨인 돌이 철과 놋과 진흙과 은과 금을 부숴뜨린 것을 보신 것은 크신 하나님이 장래 일을 왕께 알게 하신 것이라 이 꿈이 참되고 이 해석이 확실하니이다

170 페이지

단 7:25 그가 장차 말로 지극히 높으신 자를 대적하며 또 지극히 높으신 자의 성도를 괴롭게 할 것이며 그가 또 때와 법을 변개코자 할 것이며 성도는 그의 손에 붙인바 되어 한 때와 두 때와 반 때를 지내리라

계 13:1 내가 보니 바다에서 한 짐승이 나오는데 뿔이 열이요 머리가 일곱이라 그 뿔에는 열 면류관이 있고 그 머리들에는 참람된 이름들이 있더라

계 17:3 곧 성령으로 나를 데리고 광야로 가니라 내가 보니 여자가 붉은 빛 짐승을 탔는데 그 짐승의 몸에 참람된 이름들이 가득하고 일곱 머리와 열 뿔이 있으며

4 그 여자는 자주 빛과 붉은 빛 옷을 입고 금과 보석과 진주로 꾸미고 손에 금잔을 가졌는데 가증한 물건과 그의 음행의 더러운 것들이 가득하더라

5 그 이마에 이름이 기록되었으니 비밀이라, 큰 바벨론이라, 땅의 음녀들과 가증한 것들의 어미라 하였더라

6 또 내가 보매 이 여자가 성도들의 피와 예수의 증인들의 피에 취한지라 내가 그 여자를 보고 기이히 여기고 크게 기이히 여기니

7 천사가 가로되 왜 기이히 여기느냐 내가 여자와 그의 탄바 일곱 머리와 열 뿔 가진 짐승의 비밀을 네게 이르리라

8 네가 본 짐승은 전에 있었다가 시방 없으나 장차 무저갱으로부터 올라와 멸망으로 들어갈 자니 땅에 거하는 자들로서 창세 이후로 생명책에 녹명되지 못한 자들이 이전에 있었다가 시방 없으나 장차 나올 짐승을 보고 기이히 여기리라

8절

계 19:2 그의 심판은 참되고 의로운지라 음행으로 땅을 더럽게 한 큰 음녀를 심판하사 자기 종들의 피를 그의 손에 갚으셨도다 하고

3 두번째 가로되 할렐루야 하더니 그 연기가 세세토록 올라가더라

171 페이지

9절

눅 17:25 그러나 그가 먼저 많은 고난을 받으며 이 세대에게 버린바 되어야 할찌니라

10절

계 20:4 또 내가 보좌들을 보니 거기 앉은 자들이 있어 심판하는 권세를 받았더라 또 내가 보니 예수의 증거와 하나님의 말씀을 인하여 목 베임을 받은 자의 영혼들과 또 짐승과 그의 우상에게 경배하지도 아니하고 이마와 손에 그의 표를 받지도 아니한 자들이 살아서 그리스도로 더불어 천년 동안 왕노릇 하니

172 페이지

13절

출 19:18 시내산에 연기가 자욱하니 여호와께서 불 가운데서 거기 강림하심이라 그 연기가 옹기점 연기 같이 떠오르고 온 산이 크게 진동하며

삿 5:4 여호와여 주께서 세일에서부터 나오시고 에돔 들에서부터 진행하

실 때에 땅이 진동하고 하늘도 새어서 구름이 물을 내렸나이다

열상 19:11 여호와께서 가라사대 너는 나가서 여호와의 앞에서 산에 섰으라 하시더니 여호와께서 지나가시는데 여호와의 앞에 크고 강한 바람이 산을 가르고 바위를 부수나 바람 가운데 여호와께서 계시지 아니하며 바람 후에 지진이 있으나 지진 가운데도 여호와께서 계시지 아니하며

173 페이지

15절

계 19:6 또 내가 들으니 허다한 무리의 음성도 같고 많은 물 소리도 같고 큰 뇌성도 같아서 가로되 할렐루야 주 우리 하나님 곧 전능하신 이가 통치하시도다

계 19:9 천사가 내게 말하기를 기록하라 어린 양의 혼인 잔치에 청함을 입은 자들이 복이 있도다 하고 또 내게 말하되 이것은 하나님의 참되신 말씀이라 하기로

174 페이지

18절

계 17:14 저희가 어린 양으로 더불어 싸우려니와 어린 양은 만주의 주시요 만왕의 왕이시므로 저희를 이기실터이요 또 그와 함께 있는 자들 곧 부르심을 입고 빼내심을 얻고 진실한 자들은 이기리로다

계 19:2 그의 심판은 참되고 의로운지라 음행으로 땅을 더럽게 한 큰 음

녀를 심판하사 자기 종들의 피를 그의 손에 갚으셨도다 하고

계 20:10 또 저희를 미혹하는 마귀가 불과 유황 못에 던지우니 거기는
그 짐승과 거짓 선지자도 있어 세세토록 밤낮 괴로움을 받으리라

19절

수 3:3 백성에게 명하여 가로되 너희는 레위 사람 제사장들이 너희 하나
님 여호와의 언약궤 메는 것을 보거든 너희 곳을 떠나 그 뒤를 좇으라

수 4:18 여호와의 언약궤를 멘 제사장들이 요단 가운데서 나오며 그 발
바닥으로 육지를 밟는 동시에 요단 물이 본 곳으로 도로 흘러 여전히 언덕
에 넘쳤더라

수 6:6 눈의 아들 여호수아가 제사장들을 불러서 그들에게 이르되 너희
는 언약궤를 메고 일곱 제사장은 일곱 양각나팔을 잡고 여호와의 궤 앞에서
행하라 하고

175 페이지

출 25:10 그들은 조각목으로 궤를 짓되 장이 이 규빗 반, 광이 일 규빗
반, 고가 일 규빗 반이 되게 하고

11 너는 정금으로 그것을 싸되 그 안팎을 싸고 윗가로 돌아가며 금테를
두르고

12 금고리 넷을 부어 만들어 그 네 발에 달되 이편에 두 고리요 저편에 두
고리며

13 조각목으로 채를 만들고 금으로 싸고

14 그 채를 궤 양편 고리에 꿰어서 궤를 메게 하며

15 채를 궤의 고리에 꿴 대로 두고 빼어내지 말지며

16 내가 네게 줄 증거판을 궤 속에 둘지며

17 정금으로 속죄소를 만들되 장이 이 규빗 반, 광이 일 규빗 반이 되게
하고

18 금으로 그룹 둘을 속죄소 두 끝에 쳐서 만들되

19 한 그룹은 이 끝에, 한 그룹은 저 끝에 곧 속죄소 두 끝에 속죄소와 한
덩이로 연하게 할지며

20 그룹들은 그 날개를 높이 펴서 그 날개로 속죄소를 덮으며 그 얼굴을
서로 대하여 속죄소를 향하게 하고

21 속죄소를 궤 위에 얹고 내가 네게 줄 증거판을 궤 속에 넣으라

22 거기서 내가 너와 만나고 속죄소 위 곧 증거궤 위에 있는 두 그룹 사이
에서 내가 이스라엘 자손을 위하여 네게 명할 모든 일을 네게 이르리라

178 페이지

12장 1절

말 4:2 내 이름을 경외하는 너희에게는 의로운 해가 떠올라서 치료하는 광선을 발하리니 너희가 나가서 외양간에서 나온 송아지 같이 뛰리라

왕하 19:21 여호와께서 앗수르 왕에게 대하여 이같이 말씀하시기를 처녀 딸 시온이 너를 멸시하며 너를 비웃었으며 딸 예루살렘이 너를 향하여 머리를 흔들었느니

암 5:2 처녀 이스라엘이 엎드러졌음이여 다시 일어나지 못하리로다 자기 땅에 던지움이여 일으킬 자 없으리로다

사 52:7 좋은 소식을 가져오며 평화를 공포하며 복된 좋은 소식을 가져오며 구원을 공포하며 시온을 향하여 이르기를 네 하나님이 통치하신다 하는 자의 산을 넘는 발이 어찌 그리 아름다운고

마 24:29 그 날 환난 후에 즉시 해가 어두워지며 달이 빛을 내지 아니하며 별들이 하늘에서 떨어지며 하늘의 권능들이 흔들리리라

계 8:12 네째 천사가 나팔을 부니 해 삼분의 일과 달 삼분의 일과 별들의 삼분의 일이 침을 받아 그 삼분의 일이 어두워지니 낮 삼분의 일은 비췸이 없고 밤도 그러하더라

179 페이지

2절

창 3:15 내가 너로 여자와 원수가 되게하고 너의 후손도 여자의 후손과 원수가 되게 하리니 여자의 후손은 네 머리를 상하게 할 것이요 너는 그의 발꿈치를 상하게 할 것이니라 하시고

갈 4:4 때가 차매 하나님이 그 아들을 보내사 여자에게서 나게 하시고 율법 아래 나게 하신 것은

계 12:4 그 꼬리가 하늘 별 삼분의 일을 끌어다가 땅에 던지더라 용이 해산하려는 여자 앞에서 그가 해산하면 그 아이를 삼키고자 하더니

계 13:6 짐승이 입을 벌려 하나님을 향하여 훼방하되 그의 이름과 그의 장막 곧 하늘에 거하는 자들을 훼방하더라

계 11:2 성전 밖 마당은 척량하지 말고 그냥 두라 이것을 이방인에게 주었은즉 저희가 거룩한 성을 마흔 두달 동안 짓밟으리라

사 26:17 여호와여 잉태한 여인이 산기가 임박하여 산고를 겪으며 부르짖음 같이 우리가 주 앞에서 그와 같으니이다

사 66:7 시온은 진통을 하기 전에 해산하며 고통을 당하기 전에 남아를 낳았으니

8 이러한 일을 들은 자가 누구이며 이러한 일을 본 자가 누구이냐 나라가 어찌 하루에 생기겠으며 민족이 어찌 한 순간에 태어나겠느냐 그러나 시온은 진통하는 즉시 그 아들을 순산하였도다

3절

엡 1:22 또 만물을 그 발 아래 복종하게 하시고 그를 만물 위에 교회의 머리로 주셨느니라

역상 29:11 여호와여 광대하심과 권능과 영광과 이김과 위엄이 다 주께 속하였사오니 천지에 있는 것이 다 주의 것이로소이다 여호와여 주권도 주께 속하였사오니 주는 높으사 만유의 머리심이니이다

사 9:15 머리는 곧 장로와 존귀한 자요 꼬리는 곧 거짓말을 가르치는 선지자라

계 17:12 네가 보던 열 뿔은 열 왕이니 아직 나라를 얻지 못하였으나 다만 짐승으로 더불어 임금처럼 권세를 일시 동안 받으리라

슥 1:18 내가 눈을 들어 본즉 네 뿔이 보이기로

19 이에 내게 말하는 천사에게 묻되 이들이 무엇이니이까 내게 대답하되 이들은 유다와 이스라엘과 예루살렘을 헤친 뿔이니라

20 때에 여호와께서 공장 네 명을 내게 보이시기로

180 페이지

4절

사 9:15 머리는 곧 장로와 존귀한 자요 꼬리는 곧 거짓말을 가르치는 선
지자라

계 8:10 셋째 천사가 나팔을 부니 횃불 같이 타는 큰 별이 하늘에서 떨어
져 강들의 삼분의 일과 여러 물샘에 떨어지니

11 이 별 이름은 쑥이라 물들의 삼분의 일이 쑥이 되매 그 물들이 쓰게 됨
을 인하여 많은 사람이 죽더라

12 넷째 천사가 나팔을 부니 해 삼분의 일과 달 삼분의 일과 별들의 삼분
의 일이 침을 받아 그 삼분의 일이 어두워지니 낮 삼분의 일은 비췸이 없고
밤도 그러하더라

13 내가 또 보고 들으니 공중에 날아가는 독수리가 큰 소리로 이르되 땅
에 거하는 자들에게 화, 화, 화가 있으리로다 이 외에도 세 천사의 불 나팔
소리를 인함이로다 하더라

181 페이지

5절

계 1:16 그 오른손에 일곱 별이 있고 그 입에서 좌우에 날선 검이 나오고
그 얼굴은 해가 힘있게 비취는것 같더라

계 2:1 에베소 교회의 사자에게 편지하기를 오른손에 일곱 별을 붙잡고
일곱 금 촛대 사이에 다니시는 이가 가라사대

계 9:15 네 천사가 놓였으니 그들은 그 년 월 일 시에 이르러 사람 삼분의 일을 죽이기로 예비한 자들이더라

시 29

히 4:12 하나님의 말씀은 살았고 운동력이 있어 좌우에 날선 어떤 검보다도 예리하여 혼과 영과 및 관절과 골수를 찔러 쪼개기까지 하며 또 마음의 생각과 뜻을 감찰하나니

사 11:4 공의로 빈핍한 자를 심판하며 정직으로 세상의 겸손한 자를 판단할 것이며 그 입의 막대기로 세상을 치며 입술의 기운으로 악인을 죽일 것이며

6절

계 11:3 내가 나의 두 증인에게 권세를 주리니 그들이 굵은 베옷을 입고 천이백육십 일을 예언하리라

4 그들은 이 땅의 주 앞에 서 있는 두 감람나무와 두 촛대니

5 만일 누구든지 그들을 해하고자 하면 그들의 입에서 불이 나와서 그들의 원수를 삼켜 버릴 것이요 누구든지 그들을 해하고자 하면 반드시 그와 같이 죽임을 당하리라

6 그들이 권능을 가지고 하늘을 닫아 그 예언을 하는 날 동안 비가 오지 못하게 하고 또 권능을 가지고 물을 피로 변하게 하고 아무 때든지 원하는 대로 여러 가지 재앙으로 땅을 치리로다

182 페이지

계 11:3 내가 나의 두 증인에게 권세를 주리니 그들이 굵은 베옷을 입고

천이백육십 일을 예언하리라

계 12:6 그 여자가 광야로 도망하매 거기서 일천 이백 육십일 동안 저를 양육하기 위하여 하나님의 예비하신 곳이 있더라

단 12:11 매일 드리는 제사를 폐하며 멸망케 할 미운 물건을 세울 때부터 일천 이백 구십일을 지낼 것이요

민 14:34 너희가 그 땅을 탐지한 날수 사십일의 하루를 일년으로 환산하여 그 사십년간 너희가 너희의 죄악을 질찌니 너희가 나의 싫어 버림을 알리라 하셨다 하라

단 9:27 그가 장차 많은 사람으로 더불어 한 이레 동안의 언약을 굳게 정하겠고 그가 그 이레의 절반에 제사와 예물을 금지할 것이며 또 잔포하여 미운 물건이 날개를 의지하여 설 것이며 또 이미 정한 종말까지 진노가 황폐케 하는 자에게 쏟아지리라 하였느니라

185 페이지

7절

단 12:1 그 때에 네 민족을 호위하는 대군 미가엘이 일어날 것이요 또 환난이 있으리니 이는 개국 이래로 그 때까지 없던 환난일 것이며 그 때에 네 백성 중 무릇 책에 기록된 모든 자가 구원을 얻을 것이라

계 12:7 하늘에 전쟁이 있으니 미가엘과 그의 사자들이 용으로 더불어 싸울새 용과 그의 사자들도 싸우나

186 페이지

단 12:1 그 때에 네 민족을 호위하는 대군 미가엘이 일어날 것이요 또 환난이 있으리니 이는 개국 이래로 그 때까지 없던 환난일 것이며 그 때에 네 백성 중 무릇 책에 기록된 모든 자가 구원을 얻을 것이라

사 14:12 너 아침의 아들 계명성이여 어찌 그리 하늘에서 떨어졌으며 너 열국을 엎은 자여 어찌 그리 땅에 찍혔는고

192 페이지

11절

계 6:9 다섯째 인을 떼실 때에 내가 보니 하나님의 말씀과 저희의 가진 증거를 인하여 죽임을 당한 영혼들이 제단 아래 있어

계 11:7 그들이 그 증언을 마칠 때에 무저갱으로부터 올라오는 짐승이 그들과 더불어 전쟁을 일으켜 그들을 이기고 그들을 죽일 터인즉

계 19:2 그의 심판은 참되고 의로운지라 음행으로 땅을 더럽게 한 큰 음녀를 심판하사 자기 종들의 피를 그의 손에 갚으셨도다 하고

계 20:4 또 내가 보좌들을 보니 거기 앉은 자들이 있어 심판하는 권세를 받았더라 또 내가 보니 예수의 증거와 하나님의 말씀을 인하여 목 베임을 받은 자의 영혼들과 또 짐승과 그의 우상에게 경배하지도 아니하고 이마와 손에 그의 표를 받지도 아니한 자들이 살아서 그리스도로 더불어 천년 동안 왕노릇 하니

계 17:6 또 내가 보매 이 여자가 성도들의 피와 예수의 증인들의 피에 취

한지라 내가 그 여자를 보고 기이히 여기고 크게 기이히 여기니

12절

계 12:13 용이 자기가 땅으로 내어쫓긴 것을 보고 남자를 낳은 여자를 핍박하는지라

14 그 여자가 큰 독수리의 두 날개를 받아 광야 자기 곳으로 날아가 거기서 그 뱀의 낯을 피하여 한 때와 두 때와 반 때를 양육 받으매

194 페이지

14절

사 40:31 오직 여호와를 앙망하는 자는 새 힘을 얻으리니 독수리의 날개 치며 올라감 같을 것이요 달음박질하여도 곤비치 아니하겠고 걸어가도 피곤치 아니하리로다

단 7:25 그가 장차 말로 지극히 높으신 자를 대적하며 또 지극히 높으신 자의 성도를 괴롭게 할 것이며 그가 또 때와 법을 변개코자 할 것이며 성도는 그의 손에 붙인바 되어 한 때와 두 때와 반 때를 지내리라

독수리

마 24:28 주검이 있는 곳에는 독수리들이 모일찌니라

욥 39:26 매가 떠올라서 날개를 펼쳐 남방으로 향하는 것이 어찌 네 지혜로 말미암음이냐

27 독수리가 공중에 떠서 높은 곳에 보금자리를 만드는 것이 어찌 네 명령을 의지함이냐

28 그것이 낭떠러지에 집을 지으며 뾰족한 바위 끝이나 험준한데 거하며

29 거기서 움킬만한 것을 살피나니 그 눈이 멀리 봄이며

30 그 새끼들도 피를 빠나니 살륙 당한 자 있는 곳에는 그것도 거기 있느니라

출 19:4 나의 애굽 사람에게 어떻게 행하였음과 내가 어떻게 독수리 날개로 너희를 업어 내게로 인도하였음을 너희가 보았느니라

신 32:11 마치 독수리가 그 보금자리를 어지럽게 하며 그 새끼 위에 너풀거리며 그 날개를 펴서 새끼를 받으며 그 날개 위에 그것을 업는 것 같이

미 4:9 이제 네가 어찌하여 부르짖느냐 너희 중에 왕이 없어졌고 네 모사가 죽었으므로 네가 해산하는 여인처럼 고통함이냐

195 페이지

15절

계 13:11 내가 보매 또 다른 짐승이 땅에서 올라오니 새끼양 같이 두 뿔이 있고 용처럼 말하더라

17절

계 19:17 또 내가 보니 한 천사가 해에 서서 공중에 나는 모든 새를 향하여 큰 음성으로 외쳐 가로되 와서 하나님의 큰 잔치에 모여

계 16:11 아픈 것과 종기로 인하여 하늘의 하나님을 훼방하고 저희 행위를 회개치 아니하더라

계 20:8 나와서 땅의 사방 백성 곧 곡과 마곡을 미혹하고 모아 싸움을 붙이리니 그 수가 바다 모래 같으리라

197 페이지

13장

개요

계 13:6 짐승이 입을 벌려 하나님을 향하여 훼방하되 그의 이름과 그의
장막 곧 하늘에 거하는 자들을 훼방하더라

계 16:16 세 영이 히브리 음으로 아마겟돈이라 하는 곳으로 왕들을 모으
더라

계 19:17 또 내가 보니 한 천사가 해에 서서 공중에 나는 모든 새를 향하
여 큰 음성으로 외쳐 가로되 와서 하나님의 큰 잔치에 모여

18 왕들의 고기와 장군들의 고기와 장사들의 고기와 말들과 그 탄 자들의
고기와 자유한 자들이나 종들이나 무론대소하고 모든 자의 고기를 먹으라
하더라

19 또 내가 보매 그 짐승과 땅의 임금들과 그 군대들이 모여 그 말 탄 자
와 그의 군대로 더불어 전쟁을 일으키다가

20 짐승이 잡히고 그 앞에서 이적을 행하던 거짓 선지자도 함께 잡혔으니
이는 짐승의 표를 받고 그의 우상에게 경배하던 자들을 이적으로 미혹하던
자라 이 둘이 산채로 유황불 붙는 못에 던지우고

21 그 나머지는 말 탄 자의 입으로 나오는 검에 죽으매 모든 새가 그 고기
로 배불리우더라

198 페이지

1절

마 12:31 그러므로 내가 너희에게 이르노니 사람의 모든 죄와 훼방은 사하심을 얻되 성령을 훼방하는 것은 사하심을 얻지 못하겠고

계 17:14 저희가 어린 양으로 더불어 싸우려니와 어린 양은 만주의 주시요 만왕의 왕이시므로 저희를 이기실터이요 또 그와 함께 있는 자들 곧 부르심을 입고 빼내심을 얻고 진실한 자들은 이기리로다

199 페이지

한 짐승

사 14:12 너 아침의 아들 계명성이여 어찌 그리 하늘에서 떨어졌으며 너 열국을 엎은 자여 어찌 그리 땅에 찍혔는고

사 27:1 그 날에 여호와께서 그 견고하고 크고 강한 칼로 날랜 뱀 리워야단 곧 꼬불꼬불한 뱀 리워야단을 벌하시며 바다에 있는 용을 죽이시리라

계 17:14 저희가 어린 양으로 더불어 싸우려니와 어린 양은 만주의 주시요 만왕의 왕이시므로 저희를 이기실터이요 또 그와 함께 있는 자들 곧 부르심을 입고 빼내심을 얻고 진실한 자들은 이기리로다

단 7:25 그가 장차 말로 지극히 높으신 자를 대적하며 또 지극히 높으신 자의 성도를 괴롭게 할 것이며 그가 또 때와 법을 변개코자 할 것이며 성도는 그의 손에 붙인바 되어 한 때와 두 때와 반 때를 지내리라

26 그러나 심판이 시작된즉 그는 권세를 빼앗기고 끝까지 멸망할 것이요

계16장

2절

요 13:2 마귀가 벌써 시몬의 아들 가룟 유다의 마음에 예수를 팔려는 생각을 넣었더니

마 16:23 예수께서 돌이키시며 베드로에게 이르시되 사단아 내 뒤로 물러 가라 너는 나를 넘어지게 하는 자로다 네가 하나님의 일을 생각지 아니하고 도리어 사람의 일을 생각하는도다 하시고

3절

계 20:3 무저갱에 던져 잠그고 그 위에 인봉하여 천년이 차도록 다시는 만국을 미혹하지 못하게 하였다가 그 후에는 반드시 잠간 놓이리라

200 페이지

계 20:3 무저갱에 던져 잠그고 그 위에 인봉하여 천년이 차도록 다시는 만국을 미혹하지 못하게 하였다가 그 후에는 반드시 잠간 놓이리라

4절

사 27:1 그 날에 여호와께서 그 견고하고 크고 강한 칼로 날랜 뱀 리워야단 곧 꼬불꼬불한 뱀 리워야단을 벌하시며 바다에 있는 용을 죽이시리라

민 24:22 그러나 가인이 쇠미하리니 나중에는 앗수르의 포로가 되리로다 하고

계 14:9 또 다른 천사 곧 세째가 그 뒤를 따라 큰 음성으로 가로되 만일 누구든지 짐승과 그의 우상에게 경배하고 이마에나 손에 표를 받으면

계 17:14 그들이 어린 양과 더불어 싸우려니와 어린 양은 만주의 주시요

만왕의 왕이시므로 그들을 이기실 터이요 또 그와 함께 있는 자들 곧 부르심을 받고 택하심을 받은 진실한 자들도 이기리로다

5절

마 12:31 그러므로 내가 너희에게 이르노니 사람에 대한 모든 죄와 모독은 사하심을 얻되 성령을 모독하는 것은 사하심을 얻지 못하겠고

계 12:11 또 여러 형제가 어린 양의 피와 자기의 증거하는 말을 인하여 저를 이기었으니 그들은 죽기까지 자기 생명을 아끼지 아니하였도다

계 13:7 또 권세를 받아 성도들과 싸워 이기게 되고 각 족속과 백성과 방언과 나라를 다스리는 권세를 받으니

계 11:2 성전 밖 마당은 척량하지 말고 그냥 두라 이것을 이방인에게 주었은즉 저희가 거룩한 성을 마흔 두달 동안 짓밟으리라

계 13:5 또 짐승이 큰 말과 참람된 말 하는 입을 받고 또 마흔 두달 일할 권세를 받으니라

201 페이지

장막 내용

계 13:6 짐승이 입을 벌려 하나님을 향하여 훼방하되 그의 이름과 그의 장막 곧 하늘에 거하는 자들을 훼방하더라

계 5:8 그 두루마리를 취하시매 네 생물과 이십사 장로들이 그 어린 양 앞에 엎드려 각각 거문고와 향이 가득한 금 대접을 가졌으니 이 향은 성도의 기도들이라

계 15:8 하나님의 영광과 능력을 인하여 성전에 연기가 차게 되매 일곱

천사의 일곱 재앙이 마치기까지는 성전에 능히 들어갈 자가 없더라

계 7:4 내가 인침을 받은 자의 수를 들으니 이스라엘 자손의 각 지파 중에서 인침을 받은 자들이 십사만 사천이니

계 15:5 또 이 일 후에 내가 보니 하늘에 증거 장막의 성전이 열리며

계 21:3 내가 들으니 보좌에서 큰 음성이 나서 가로되 보라 하나님의 장막이 사람들과 함께 있으매 하나님이 저희와 함께 거하시리니 저희는 하나님의 백성이 되고 하나님은 친히 저희와 함께 계셔서

계 21:22 성안에 성전을 내가 보지 못하였으니 이는 주 하나님 곧 전능하신 이와 및 어린 양이 그 성전이심이라 이기었으니 이 책과 그 일곱 인을 떼시리라 하더라

202 페이지

8절

빌 4:3 또 참으로 나와 멍에를 같이 한 자 네게 구하노니 복음에 나와 함께 힘쓰던 저 부녀들을 돕고 또한 글레멘드와 그 외에 나의 동역자들을 도우라 그 이름들이 생명책에 있느니라

계 15:5 또 이 일 후에 내가 보니 하늘에 증거 장막의 성전이 열리며

렘 31:31 나 여호와가 말하노라 보라 날이 이르리니 내가 이스라엘 집과 유다 집에 새 언약을 세우리라

히 8:8 저희를 허물하여 일렀으되 주께서 가라사대 볼찌어다 날이 이르리니 내가 이스라엘 집과 유다 집으로 새 언약을 세우리라

10절

렘 15:2 그들이 만일 네게 말하기를 우리가 어디로 나아가리요 하거든 너는 그들에게 이르기를 여호와의 말씀에 사망할 자는 사망으로 나아가고 칼을 받을 자는 칼로 나아가고 기근을 당할 자는 기근으로 나아가고 포로 될 자는 포로 됨으로 나아갈찌니라 하셨다 하라

렘 43:11 그가 와서 애굽 땅을 치고 죽일 자는 죽이고 사로잡을 자는 사로잡고 칼로 칠 자는 칼로 칠 것이라

계 6:4 이에 붉은 다른 말이 나오더라 그 탄 자가 허락을 받아 땅에서 화평을 제하여 버리며 서로 죽이게 하고 또 큰 칼을 받았더라

11절

단 8:3-27

203 페이지

16절

요 6:27 썩는 양식을 위하여 일하지 말고 영생하도록 있는 양식을 위하여 하라 이 양식은 인자가 너희에게 주리니 인자는 아버지 하나님의 인치신 자니라

고후 1:21 우리를 너희와 함께 그리스도 안에서 견고케 하시고 우리에게 기름을 부으신 이는 하나님이시니

엡 1:13 그 안에서 너희도 진리의 말씀 곧 너희의 구원의 복음을 듣고 그 안에서 또한 믿어 약속의 성령으로 인치심을 받았으니

208 페이지

14장

십사만 사천 명이 부르는 노래

계 17:14 저희가 어린 양으로 더불어 싸우려니와 어린 양은 만주의 주시요 만왕의 왕이시므로 저희를 이기실터이요 또 그와 함께 있는 자들 곧 부르심을 입고 빼내심을 얻고 진실한 자들은 이기리로다

1절

계 7:9 이 일 후에 내가 보니 각 나라와 족속과 백성과 방언에서 아무도 능히 셀 수 없는 큰 무리가 나와 흰 옷을 입고 손에 종려 가지를 들고 보좌 앞과 어린 양 앞에 서서

10 큰 소리로 외쳐 이르되 구원하심이 보좌에 앉으신 우리 하나님과 어린 양에게 있도다 하니

11 모든 천사가 보좌와 장로들과 네 생물의 주위에 서 있다가 보좌 앞에 엎드려 얼굴을 대고 하나님께 경배하여

12 이르되 아멘 찬송과 영광과 지혜와 감사와 존귀와 권능과 힘이 우리 하나님께 세세토록 있을지어다 아멘 하더라

13 장로 중 하나가 응답하여 나에게 이르되 이 흰 옷 입은 자들이 누구며 또 어디서 왔느냐

14 내가 말하기를 내 주여 당신이 아시나이다 하니 그가 나에게 이르되 이는 큰 환난에서 나오는 자들인데 어린 양의 피에 그 옷을 씻어 희게 하였느니라

15 그러므로 그들이 하나님의 보좌 앞에 있고 또 그의 성전에서 밤낮 하

나님을 섬기매 보좌에 앉으신 이가 그들 위에 장막을 치시리니

16 그들이 다시는 주리지도 아니하며 목마르지도 아니하고 해나 아무 뜨
거운 기운에 상하지도 아니하리니

17 이는 보좌 가운데에 계신 어린 양이 그들의 목자가 되사 생명수 샘으
로 인도하시고 하나님께서 그들의 눈에서 모든 눈물을 씻어 주실 것임이라

시온산

시 48:1 여호와는 광대하시니 우리 하나님의 성, 거룩한 산에서 극진히 찬송하리로다

사 24:23 그 때에 달이 무색하고 해가 부끄러워하리니 이는 만군의 여호와께서 시온산과 예루살렘에서 왕이 되시고 그 장로들 앞에서 영광을 나타내실 것임이니라

미 4:1 말일에 이르러는 여호와의 전의 산이 산들의 꼭대기에 굳게 서며 작은 산들 위에 뛰어나고 민족들이 그리로 몰려갈 것이라

슥 14:10 온 땅이 아라바 같이 되되 게바에서 예루살렘 남편 림몬까지 미칠 것이며 예루살렘이 높이 들려 그 본처에 있으리니 베냐민 문에서부터 첫문 자리와 성 모퉁이 문까지 또 하나넬 망대에서부터 왕의 포도주 짜는 곳까지라

209 페이지

마 24:16 그 때에 유대에 있는 자들은 산으로 도망할찌어다

계 16:20 각 섬도 없어지고 산악도 간데 없더라

계 7:2 또 보매 다른 천사가 살아계신 하나님의 인을 가지고 해 돋는 데

로부터 올라와서 땅과 바다를 해롭게 할 권세를 얻은 네 천사를 향하여 큰 소리로 외쳐

슥 2:7 바벨론 성에 거하는 시온아 이제 너는 피할찌니라

겔 6:3 이르기를 이스라엘 산들아 주 여호와의 말씀을 들으라 주 여호와께서 산과 작은 산과 시내와 골짜기를 대하여 말씀하시기를 나 곧 내가 칼로 너희에게 임하게 하여 너희 산당을 멸하리니

14만 4천

계 14:4 이 사람들은 여자로 더불어 더럽히지 아니하고 정절이 있는 자라 어린 양이 어디로 인도하든지 따라가는 자며 사람 가운데서 구속을 받아 처음 익은 열매로 하나님과 어린 양에게 속한 자들이니

계 19:9 천사가 내게 말하기를 기록하라 어린 양의 혼인 잔치에 청함을 입은 자들이 복이 있도다 하고 또 내게 말하되 이것은 하나님의 참되신 말씀이라 하기로

211 페이지

3절

시 33:3 새 노래로 그를 노래하며 즐거운 소리로 아름답게 연주할지어다

시 40:3 새 노래 곧 우리 하나님께 올릴 찬송을 내 입에 두셨으니 많은 사람이 보고 두려워하여 여호와를 의지하리로다

시 144:9 하나님이여 내가 주께 새 노래로 노래하며 열 줄 비파로 주를 찬양하리이다

6절

계 10:11 저가 내게 말하기를 네가 많은 백성과 나라와 방언과 임금에게 다시 예언하여야 하리라 하더라

212 페이지

8절

계 16:17 일곱째가 그 대접을 공기 가운데 쏟으매 큰 음성이 성전에서 보좌로부터 나서 가로되 되었다 하니

18 번개와 음성들과 뇌성이 있고 또 큰 지진이 있어 어찌 큰지 사람이 땅에 있어 옴으로 이같이 큰 지진이 없었더라

19 큰 성이 세 갈래로 갈라지고 만국의 성들도 무너지니 큰 성 바벨론이 하나님 앞에 기억하신바 되어 그의 맹렬한 진노의 포도주 잔을 받으매

20 각 섬도 없어지고 산악도 간데 없더라

21 또 중수가 한 달란트나 되는 큰 우박이 하늘로부터 사람들에게 내리매 사람들이 그 박재로 인하여 하나님을 훼방하니 그 재앙이 심히 큼이러라

계 17:1 또 일곱 대접을 가진 일곱 천사 중 하나가 와서 내게 말하여 가로되 이리 오라 많은 물위에 앉은 큰 음녀의 받을 심판을 네게 보이리라

계 18:24 선지자들과 성도들과 및 땅 위에서 죽임을 당한 모든 자의 피가 이 성중에서 보였느니라 하더라

벧전 5:13 함께 택하심을 받은 바벨론에 있는 교회가 너희에게 문안하고 내 아들 마가도 그리하느니라

213 페이지

11절

계 19:3 두번째 가로되 할렐루야 하더니 그 연기가 세세토록 올라가더라

12절

눅 17:25 그러나 그가 먼저 많은 고난을 받으며 이 세대에게 버린바 되어야 할찌니라

214 페이지

14절

출 19:9 여호와께서 모세에게 이르시되 내가 빽빽한 구름 가운데서 네게 임함은 내가 너와 말하는 것을 백성으로 듣게 하며 또한 너를 영영히 믿게 하려함이니라 모세가 백성의 말로 여호와께 고하였으므로

민 12:5 여호와께서 구름 기둥 가운데로서 강림하사 장막 문에 서시고 아론과 미리암을 부르시는지라 그 두 사람이 나아가매

히 12:1 이러므로 우리에게 구름 같이 둘러싼 허다한 증인들이 있으니 모든 무거운 것과 얽매이기 쉬운 죄를 벗어 버리고 인내로써 우리 앞에 당한 경주를 경주하며

마 13:27 집 주인의 종들이 와서 말하되 주여 밭에 좋은 씨를 심지 아니하였나이까 그러면 가라지가 어디서 생겼나이까

28 주인이 가로되 원수가 이렇게 하였구나 종들이 말하되 그러면 우리가 가서 이것을 뽑기를 원하시나이까

29 주인이 가로되 가만 두어라 가라지를 뽑다가 곡식까지 뽑을까 염려하
노라

30 둘 다 추수 때까지 함께 자라게 두어라 추수 때에 내가 추숫군들에게
말하기를 가라지는 먼저 거두어 불사르게 단으로 묶고 곡식은 모아 내 곳간
에 넣으라 하리라

사 63:2 어찌하여 네 의복이 붉으며 네 옷이 포도즙 틀을 밟는 자 같으뇨

3 만민 중에 나와 함께한 자가 없이 내가 홀로 포도즙틀을 밟았는데 내가
노함을 인하여 무리를 밟았고 분함을 인하여 짓밟았으므로 그들의 선혈이
내 옷에 뛰어 내 의복을 다 더럽혔음이니

4 이는 내 원수 갚는 날이 내 마음에 있고 내 구속할 해가 왔으나

5 내가 본즉 도와주는 자도 없고 붙들어 주는 자도 없으므로 이상히 여겨
내 팔이 나를 구원하며 내 분이 나를 붙들었음이라

6 내가 노함을 인하여 만민을 밟았으며 내가 분함을 인하여 그들을 취케
하고 그들의 선혈로 땅에 쏟아지게 하였느니라

16절

마 13:38 밭은 세상이요 좋은 씨는 천국의 아들들이요 가라지는 악한 자
의 아들들이요

215 페이지

18절

계 10:11 저가 내게 말하기를 네가 많은 백성과 나라와 방언과 임금에게
다시 예언하여야 하리라 하더라

19절

욜 3:13 너희는 낫을 쓰라 곡식이 익었도다 와서 밟을지어다 포도주 틀
이 가득히 차고 포도주 독이 넘치니 그들의 악이 큼이로다

계 19:15 그의 입에서 이한 검이 나오니 그것으로 만국을 치겠고 친히
저희를 철장으로 다스리며 또 친히 하나님 곧 전능하신 이의 맹렬한 진노의
포도주 틀을 밟겠고

마 13:27 집 주인의 종들이 와서 말하되 주여 밭에 좋은 씨를 뿌리지 아
니하였나이까 그런데 가라지가 어디서 생겼나이까

28 주인이 이르되 원수가 이렇게 하였구나 종들이 말하되 그러면 우리가
가서 이것을 뽑기를 원하시나이까

29 주인이 이르되 가만 두라 가라지를 뽑다가 곡식까지 뽑을까 염려하노라

30 둘 다 추수 때까지 함께 자라게 두라 추수 때에 내가 추수꾼들에게 말
하기를 가라지는 먼저 거두어 불사르게 단으로 묶고 곡식은 모아 내 곳간에
넣으라 하리라

20절

행 20:24 나의 달려갈 길과 주 예수께 받은 사명 곧 하나님의 은혜의 복
음 증거하는 일을 마치려 함에는 나의 생명을 조금도 귀한 것으로 여기지
아니하노라

고전 9:16 내가 복음을 전할찌라도 자랑할 것이 없음은 내가 부득불 할
일임이라 만일 복음을 전하지 아니하면 내게 화가 있을 것임이로라

218 페이지

15장 1절

롬 1:18 하나님의 진노가 불의로 진리를 막는 사람들의 모든 경건치 않음과 불의에 대하여 하늘로 좇아 나타나나니

롬 6:23 죄의 삯은 사망이요 하나님의 은사는 그리스도 예수 우리 주 안에 있는 영생이니라

계 15:7 네 생물 중에 하나가 세세에 계신 하나님의 진노를 가득히 담은 금대접을 일곱을 그 일곱 천사에게 주니

2절

계 4:6 보좌 앞에 수정과 같은 유리 바다가 있고 보좌 가운데와 보좌 주위에 네 생물이 있는데 앞뒤에 눈이 가득하더라

219 페이지

3절

신 32장

4절

계 19:1 이 일 후에 내가 들으니 하늘에 허다한 무리의 큰 음성 같은 것이 있어 이르되 할렐루야 구원과 영광과 능력이 우리 하나님께 있도다

2 그의 심판은 참되고 의로운지라 음행으로 땅을 더럽게 한 큰 음녀를 심판하사 자기 종들의 피를 그 음녀의 손에 갚으셨도다 하고

3 두 번째로 할렐루야 하니 그 연기가 세세토록 올라가더라

4 또 이십사 장로와 네 생물이 엎드려 보좌에 앉으신 하나님께 경배하여
이르되 아멘 할렐루야 하니

5 보좌에서 음성이 나서 이르시되 하나님의 종들 곧 그를 경외하는 너희
들아 작은 자나 큰 자나 다 우리 하나님께 찬송하라 하더라

6 또 내가 들으니 허다한 무리의 음성과도 같고 많은 물 소리와도 같고 큰
우렛소리와도 같은 소리로 이르되 할렐루야 주 우리 하나님 곧 전능하신 이
가 통치하시도다

7 우리가 즐거워하고 크게 기뻐하며 그에게 영광을 돌리세 어린 양의 혼
인 기약이 이르렀고 그의 아내가 자신을 준비하였으므로

8 그에게 빛나고 깨끗한 세마포 옷을 입도록 허락하셨으니 이 세마포 옷
은 성도들의 옳은 행실이로다 하더라

9 천사가 내게 말하기를 기록하라 어린 양의 혼인 잔치에 청함을 받은 자
들은 복이 있도다 하고 또 내게 말하되 이것은 하나님의 참되신 말씀이라
하기로

계 21:24 만국이 그 빛 가운데로 다니고 땅의 왕들이 자기 영광을 가지
고 그리로 들어오리라

25 성문들을 낮에 도무지 닫지 아니하리니 거기는 밤이 없음이라

26 사람들이 만국의 영광과 존귀를 가지고 그리로 들어오겠고

220 페이지

5절

계 13:6 짐승이 입을 벌려 하나님을 향하여 훼방하되 그의 이름과 그의 장막 곧 하늘에 거하는 자들을 훼방하더라

계 17:14 저희가 어린 양으로 더불어 싸우려니와 어린 양은 만주의 주시요 만왕의 왕이시므로 저희를 이기실터이요 또 그와 함께 있는 자들 곧 부르심을 입고 빼내심을 얻고 진실한 자들은 이기리로다

계 19:9 천사가 내게 말하기를 기록하라 어린 양의 혼인 잔치에 청함을 입은 자들이 복이 있도다 하고 또 내게 말하되 이것은 하나님의 참되신 말씀이라 하기로

계 20:11 또 내가 크고 흰 보좌와 그 위에 앉으신 자를 보니 땅과 하늘이 그 앞에서 피하여 간데 없더라

12 또 내가 보니 죽은 자들이 무론 대소하고 그 보좌 앞에 섰는데 책들이 펴 있고 또 다른 책이 펴졌으니 곧 생명책이라 죽은 자들이 자기 행위를 따라 책들에 기록된대로 심판을 받으니

13 바다가 그 가운데서 죽은 자들을 내어주고 또 사망과 음부도 그 가운데서 죽은 자들을 내어주매 각 사람이 자기의 행위대로 심판을 받고

14 사망과 음부도 불못에 던지우니 이것은 둘째 사망 곧 불못이라

15 누구든지 생명책에 기록되지 못한 자는 불못에 던지우더라

계 21:2 또 내가 보매 거룩한 성 새 예루살렘이 하나님께로부터 하늘에서 내려오니 그 예비한 것이 신부가 남편을 위하여 단장한 것 같더라

계 21:22 성안에 성전을 내가 보지 못하였으니 이는 주 하나님 곧 전능

하신 이와 및 어린 양이 그 성전이심이라

8절

계 21:3 내가 들으니 보좌에서 큰 음성이 나서 이르되 보라 하나님의 장막이 사람들과 함께 있으매 하나님이 그들과 함께 계시리니 그들은 하나님의 백성이 되고 하나님은 친히 그들과 함께 계셔서

사 30:27 보라 여호와의 이름이 원방에서부터 오되 그의 진노가 불붙듯 하며 빽빽한 연기가 일어 나듯하며 그 입술에는 분노가 찼으며 그 혀는 맹렬한 불 같으며

단 9:27 그가 장차 많은 사람으로 더불어 한 이레 동안의 언약을 굳게 정하겠고 그가 그 이레의 절반에 제사와 예물을 금지할 것이며 또 잔포하여 미운 물건이 날개를 의지하여 설 것이며 또 이미 정한 종말까지 진노가 황폐케 하는 자에게 쏟아지리라 하였느니라

히 8:8 저희를 허물하여 일렀으되 주께서 가라사대 볼찌어다 날이 이르리니 내가 이스라엘 집과 유다 집으로 새 언약을 세우리라

렘 31:31 나 여호와가 말하노라 보라 날이 이르리니 내가 이스라엘 집과 유다 집에 새 언약을 세우리라

렘 32:40 내가 그들에게 복을 주기 위하여 그들을 떠나지 아니하리라 하는 영영한 언약을 그들에게 세우고 나를 경외함을 그들의 마음에 두어 나를 떠나지 않게 하고

출 19:5 세계가 다 내게 속하였나니 너희가 내 말을 잘 듣고 내 언약을 지키면 너희는 열국 중에서 내 소유가 되겠고

호 6:7 저희는 아담처럼 언약을 어기고 거기서 내게 패역을 행하였느니라

221 페이지

단 9:27 그가 장차 많은 사람으로 더불어 한 이레 동안의 언약을 굳게 정하겠고 그가 그 이레의 절반에 제사와 예물을 금지할 것이며 또 잔포하여 미운 물건이 날개를 의지하여 설 것이며 또 이미 정한 종말까지 진노가 황폐케 하는 자에게 쏟아지리라 하였느니라

신천지 오류

계 15:5 또 이 일 후에 내가 보니 하늘에 증거 장막의 성전이 열리며

계 15:8 하나님의 영광과 능력을 인하여 성전에 연기가 차게 되매 일곱 천사의 일곱 재앙이 마치기까지는 성전에 능히 들어갈 자가 없더라

계 21:3 내가 들으니 보좌에서 큰 음성이 나서 가로되 보라 하나님의 장막이 사람들과 함께 있으매 하나님이 저희와 함께 거하시리니 저희는 하나님의 백성이 되고 하나님은 친히 저희와 하께 계서서

계 19:4 또 이십 사 장로와 네 생물이 엎드려 보좌에 앉으신 하나님께 경배하여 가로되 아멘 할렐루야 하니

계 21:22 성안에 성전을 내가 보지 못하였으니 이는 주 하나님 곧 전능하신 이와 및 어린 양이 그 성전이심이라

계 21:24 만국이 그 빛 가운데로 다니고 땅의 왕들이 자기 영광을 가지고 그리로 들어가리라

223 페이지

16장

개요

계 11:15 일곱째 천사가 나팔을 불매 하늘에 큰 음성들이 나서 가로되 세상 나라가 우리 주와 그 그리스도의 나라가 되어 그가 세세토록 왕노릇 하시리로다 하니

225 페이지

1절

계 5:8 책을 취하시매 네 생물과 이십 사 장로들이 어린 양 앞에 엎드려 각각 거문고와 향이 가득한 금 대접을 가졌으니 이 향은 성도의 기도들이라

요 12:48 나를 저버리고 내 말을 받지 아니하는 자를 심판할 이가 있으니 곧 나의 한 그 말이 마지막 날에 저를 심판하리라

벧전 3:19 저가 또한 영으로 옥에 있는 영들에게 전파하시니라

2절

창 6:3 여호와께서 가라사대 나의 신이 영원히 사람과 함께 하지 아니하리니 이는 그들이 육체가 됨이라 그러나 그들의 날은 일백 이십년이 되리라 하시니라

골 3:5 내가 팔일만에 할례를 받고 이스라엘의 족속이요 베냐민의 지파요 히브리인 중의 히브리인이요 율법으로는 바리새인이요

신 28:35 여호와께서 네 무릎과 다리를 쳐서 고치지 못할 심한 종기로 발하게 하여 발바닥으로 정수리까지 이르게 하시리라

226 페이지

3절

사 27:1 그 날에 여호와께서 그 견고하고 크고 강한 칼로 날랜 뱀 리워야단 곧 꼬불꼬불한 뱀 리워야단을 벌하시며 바다에 있는 용을 죽이시리라

출 7:17 여호와가 이같이 이르노니 네가 이로 인하여 나를 여호와인줄 알리라 하셨느니라 볼찌어다 내가 내 손의 지팡이로 하수를 치면 그것이 피로 변하고

227 페이지

8절

약 3:6 혀는 곧 불이요 불의의 세계라 혀는 우리 지체 중에서 온 몸을 더럽히고 생의 바퀴를 불사르나니 그 사르는 것이 지옥불에서 나느니라

눅 12:49 내가 불을 땅에 던지러 왔노니 이 불이 이미 붙었으면 내가 무엇을 원하리요

요 12:48 나를 저버리고 내 말을 받지 아니하는 자를 심판할 이가 있으니 곧 나의 한 그 말이 마지막 날에 저를 심판하리라

요 5:24 내가 진실로 진실로 너희에게 이르노니 내 말을 듣고 또 나 보내신 이를 믿는 자는 영생을 얻었고 심판에 이르지 아니하나니 사망에서 생명으로 옮겼느니라

살후 2:8 그 때에 불법한 자가 나타나리니 주 예수께서 그 입의 기운으로 저를 죽이시고 강림하여 나타나심으로 폐하시리라

사 11:4 공의로 빈핍한 자를 심판하며 정직으로 세상의 겸손한 자를 판단할 것이며 그 입의 막대기로 세상을 치며 입술의 기운으로 악인을 죽일 것이며

렘 5:14 그러므로 만군의 하나님 여호와가 이같이 말하노라 그들이 이 말을 하였은즉 볼찌어다 내가 네 입에 있는 나의 말로 불이 되게 하고 이 백성으로 나무가 되게 하리니 그 불이 그들을 사르리라

228 페이지

12절

렘 46:2 애굽을 논한 것이니 곧 유다 왕 요시야의 아들 여호야김 제 사년에 유브라데 하숫가 갈그미스에서 바벨론 왕 느부갓네살에게 패한 애굽 왕 바로느고의 군대에 대한 말씀이라

3 너희는 큰 방패, 작은 방패를 예비하고 나가서 싸우라

4 너희 기병이여 말에 안장을 지워 타며 투구를 쓰고 나서며 창을 갈며 갑옷을 입으라

5 여호와께서 가라사대 내가 본즉 그들이 놀라 물러가며 그들의 용사는 패하여 급히 도망하며 뒤를 돌아보지 아니함은 어찜인고 두려움이 그들의 사방에 있음이로다 하셨나니

6 발이 빠른 자도 도망하지 못하며 용맹이 있는 자도 피하지 못하고 그들이 다 북방에서 유브라데 하숫가에 넘어지며 엎드러지는도다

7 저 나일의 창일함과 강물의 흉용함 같은 자 누구뇨

8 애굽이 나일의 창일함과 강물의 흉용함 같도다 그가 가로되 내가 일어

나 땅을 덮어 성읍들과 그 거민을 멸할 것이라

9 말들아 달리라 병거들아 급히 동하라 용사여 나오라 방패 잡은 구스인
과 붓인과 활을 당기는 루딤인이여 나올찌니라 하거니와

10 그 날은 주 만군의 여호와께서 그 대적에게 원수 갚는 보수일이라 칼
이 배부르게 삼키며 그들의 피를 가득히 마시리니 주 만군의 여호와께서 북
편 유브라데 하숫가에서 희생을 내실 것임이로다

11 처녀 딸 애굽이여 길르앗으로 올라가서 유향을 취하라 네가 많은 의약
을 쓸찌라도 무효하여 낫지 못하리라

12 네 수치가 열방에 들렸고 네 부르짖음은 땅에 가득하였나니 용사가 용
사에게 부딪쳐 둘이 함께 엎드러졌음이니라

13 바벨론 왕 느부갓네살이 와서 애굽 땅을 칠 일에 대하여 선지자 예레
미야에게 이르신 여호와의 말씀이라

14 너희는 애굽에 선포하며 믹돌과 놉과 다바네스에 선포하여 말하기를
너희는 굳게 서서 예비하라 네 사방이 칼에 삼키웠느니라

13절

계 17:5 그 이마에 이름이 기록되었으니 비밀이라, 큰 바벨론이라, 땅의 음녀들과 가증한 것들의 어미라 하였더라

14절

계 13:11 내가 보매 또 다른 짐승이 땅에서 올라오니 새끼양 같이 두 뿔이 있고 용처럼 말하더라

계 17:14 저희가 어린 양으로 더불어 싸우려니와 어린 양은 만주의 주시요 만왕의 왕이시므로 저희를 이기실터이요 또 그와 함께 있는 자들 곧 부르심을 입고 빼내심을 얻고 진실한 자들은 이기리로다

계 19:11 또 내가 하늘이 열린 것을 보니 보라 백마와 탄 자가 있으니 그 이름은 충신과 진실이라 그가 공의로 심판하며 싸우더라

229 페이지

16절

계 19:17 또 내가 보니 한 천사가 해에 서서 공중에 나는 모든 새를 향하여 큰 음성으로 외쳐 가로되 와서 하나님의 큰 잔치에 모여

18 왕들의 고기와 장군들의 고기와 장사들의 고기와 말들과 그 탄 자들의 고기와 자유한 자들이나 종들이나 무론대소하고 모든 자의 고기를 먹으라 하더라

19 또 내가 보매 그 짐승과 땅의 임금들과 그 군대들이 모여 그 말 탄 자와 그의 군대로 더불어 전쟁을 일으키다가

20 짐승이 잡히고 그 앞에서 이적을 행하던 거짓 선지자도 함께 잡혔으니 이는 짐승의 표를 받고 그의 우상에게 경배하던 자들을 이적으로 미혹하던 자라 이 둘이 산채로 유황불 붙는 못에 던지우고

21 그 나머지는 말 탄 자의 입으로 나오는 검에 죽으매 모든 새가 그 고기로 배불리우더라

삿 5:19 열왕이 와서 싸울 때에 가나안 열왕이 므깃도 물 가 다아낙에서 싸웠으나 돈을 탈취하지 못하였도다

슥 12:11 그 날에 예루살렘에 큰 애통이 있으리니 므깃도 골짜기 하다드림몬에 있던 애통과 같을 것이라

삿 5:31 여호와여 주의 대적은 다 이와 같이 망하게 하시고 주를 사랑하

는 자는 해가 힘있게 돋음 같게 하시옵소서 하니라 그 땅이 사십년 동안 태평하였더라

17절

엡 2:2 그 때에 너희가 그 가운데서 행하여 이 세상 풍속을 좇고 공중의 권세 잡은 자를 따랐으니 곧 지금 불순종의 아들들 가운데서 역사하는 영이라

230 페이지

20절

계 6:16 산과 바위에게 이르되 우리 위에 떨어져 보좌에 앉으신 이의 낯에서와 어린 양의 진노에서 우리를 가리우라

21절

계 14:10 그도 하나님의 진노의 포도주를 마시리니 그 진노의 잔에 섞인 것이 없이 부은 포도주라 거룩한 천사들 앞과 어린 양 앞에서 불과 유황으로 고난을 받으리니

계 16:11

히 12:27 이 또 한번이라 하심은 진동치 아니하는 것을 영존케 하기 위하여 진동할 것들 곧 만든 것들의 변동 될 것을 나타내심이니라

234 페이지

17장

2절

렘 3:2 네 눈을 들어 자산을 보라 너의 행음치 아니한 곳이 어디 있느냐
네가 길 가에 앉아 사람을 기다린 것이 광야에 있는 아라바 사람 같아서 음
란과 행악으로 이 땅을 더럽혔도다

겔 16:15 그러나 네가 네 화려함을 믿고 네 명성을 인하여 행음하되 무릇
지나가는 자면 더불어 음란을 많이 행하므로 네 몸이 그들의 것이 되도다

16 네가 네 의복을 취하여 색스러운 산당을 너를 위하여 만들고 거기서
행음하였나니 이런 일은 전무 후무하니라

17 네가 또 나의 준 금, 은 장식품으로 너를 위하여 남자 우상을 만들어
행음하며

18 또 네 수 놓은 옷으로 그 우상에게 입히고 나의 기름과 향으로 그 앞에
베풀며

19 또 내가 네게 주어 먹게한 내 식물 곧 고운 밀가루와 기름과 꿀을 네가
그 앞에 베풀어 향기를 삼았나니 과연 그렇게 하였느니라 나 주 여호와의
말이니라

20 또 네가 나를 위하여 낳은 네 자녀를 가져 그들에게 드려 제물을 삼아
불살랐느니라 네가 너의 음행을 작은 일로 여겨서

21 나의 자녀들을 죽여 우상에게 붙여 불 가운데로 지나가게 하였느냐

22 네 어렸을 때에 벌거벗어 적신이었으며 피투성이가 되어서 발짓하던
것을 기억지 아니하고 네가 모든 가증한 일과 음란을 행하였느니라

겔 23:1-12

3절

계 6:3 둘째 인을 떼실 때에 내가 들으니 둘째 생물이 말하되 오라 하더니

계 13:1 내가 보니 바다에서 한 짐승이 나오는데 뿔이 열이요 머리가 일곱이라 그 뿔에는 열 면류관이 있고 그 머리들에는 참람된 이름들이 있더라

계 12:3 하늘에 또 다른 이적이 보이니 보라 한 큰 붉은 용이 있어 머리가 일곱이요 뿔이 열이라 그 여러 머리에 일곱 면류관이 있는데

235 페이지

4절

렘 5:7 내가 어찌 너를 사하겠느냐 네 자녀가 나를 버리고 신이 아닌 것들로 맹세하였으며 내가 그들을 배불리 먹인즉 그들이 행음하며 창기의 집에 허다히 모이며

6절

계 6:9 다섯째 인을 떼실 때에 내가 보니 하나님의 말씀과 저희의 가진 증거를 인하여 죽임을 당한 영혼들이 제단 아래 있어

계 7:8 스불론 지파 중에 일만 이천이요 요셉 지파 중에 일만 이천이요 베냐민 지파 중에 인맞은 자가 일만 이천이라

계 18:24 선지자들과 성도들과 및 땅 위에서 죽임을 당한 모든 자의 피가 이 성중에서 보였느니라 하더라

7절

계 11:7 저희가 그 증거를 마칠 때에 무저갱으로부터 올라오는 짐승이 저희로 더불어 전쟁을 일으켜 저희를 이기고 저희를 죽일터인즉

계 12:3 하늘에 또 다른 이적이 보이니 보라 한 큰 붉은 용이 있어 머리
가 일곱이요 뿔이 열이라 그 여러 머리에 일곱 왕관이 있는데

계 13:1 내가 보니 바다에서 한 짐승이 나오는데 뿔이 열이요 머리가 일
곱이라 그 뿔에는 열 왕관이 있고 그 머리들에는 신성 모독 하는 이름들이
있더라

계 20:1 또 내가 보매 천사가 무저갱의 열쇠와 큰 쇠사슬을 그의 손에 가
지고 하늘로부터 내려와서

2 용을 잡으니 곧 옛 뱀이요 마귀요 사탄이라 잡아서 천 년 동안 결박하여

3 무저갱에 던져 넣어 잠그고 그 위에 인봉하여 천 년이 차도록 다시는 만
국을 미혹하지 못하게 하였는데 그 후에는 반드시 잠깐 놓이리라

단 2:25-45

단 7:15 나 다니엘이 중심에 근심하며 내 머리 속의 환상이 나를 번민하
게 한지라

16 내가 그 곁에 모셔 선 자들 중 하나에게 나아가서 이 모든 일의 진상을
물으매 그가 내게 말하여 그 일의 해석을 알려 주며 이르되

17 그 네 큰 짐승은 세상에 일어날 네 왕이라

18 지극히 높으신 이의 성도들이 나라를 얻으리니 그 누림이 영원하고
영원하고 영원하리라

19 이에 내가 넷째 짐승에 관하여 확실히 알고자 하였으니 곧 그것은 모
든 짐승과 달라서 심히 무섭더라 그 이는 쇠요 그 발톱은 놋이니 먹고 부서
뜨리고 나머지는 발로 밟았으며

20 또 그것의 머리에는 열 뿔이 있고 그 외에 또 다른 뿔이 나오매 세 뿔
이 그 앞에서 빠졌으며 그 뿔에는 눈도 있고 큰 말을 하는 입도 있고 그 모

양이 그의 동류보다 커 보이더라

21 내가 본즉 이 뿔이 성도들과 더불어 싸워 그들에게 이겼더니

22 옛적부터 항상 계신 이가 와서 지극히 높으신 이의 성도들을 위하여
원한을 풀어 주셨고 때가 이르매 성도들이 나라를 얻었더라

23 모신 자가 이처럼 이르되 넷째 짐승은 곧 땅의 넷째 나라인데 이는 다
른 나라들과는 달라서 온 천하를 삼키고 밟아 부서뜨릴 것이며

24 그 열 뿔은 그 나라에서 일어날 열 왕이요 그 후에 또 하나가 일어나리
니 그는 먼저 있던 자들과 다르고 또 세 왕을 복종시킬 것이며

25 그가 장차 지극히 높으신 이를 말로 대적하며 또 지극히 높으신 이의
성도를 괴롭게 할 것이며 그가 또 때와 법을 고치고자 할 것이며 성도들은
그의 손에 붙인 바 되어 한 때와 두 때와 반 때를 지내리라

26 그러나 심판이 시작되면 그는 권세를 빼앗기고 완전히 멸망할 것이요

27 나라와 권세와 온 천하 나라들의 위세가 지극히 높으신 이의 거룩한
백성에게 붙인 바 되리니 그의 나라는 영원한 나라이라 모든 권세 있는 자
들이 다 그를 섬기며 복종하리라

28 그 말이 이에 그친지라 나 다니엘은 중심에 번민하였으며 내 얼굴빛이
변하였으나 내가 이 일을 마음에 간직하였느니라

236 페이지

8절

계 20:3 무저갱에 던져 잠그고 그 위에 인봉하여 천년이 차도록 다시는 만국을 미혹하지 못하게 하였다가 그 후에는 반드시 잠간 놓이리라

9절

마 12:31 그러므로 내가 너희에게 이르노니 사람의 모든 죄와 훼방은 사하심을 얻되 성령을 훼방하는 것은 사하심을 얻지 못하겠고

사 2:2 말일에 여호와의 전의 산이 모든 산 꼭대기에 굳게 설 것이요 모든 작은 산 위에 뛰어나리니 만방이 그리로 모여 들 것이라

렘 51:25 나 여호와가 말하노라 온 세계를 멸한 멸망의 산아 보라 나는 네 대적이라 나의 손을 네 위에 펴서 너를 바위에서 굴리고 너로 불 탄 산이 되게 할 것이니

단 2:35 때에 철과 진흙과 놋과 은과 금이 다 부숴져 여름 타작마당의 겨 같이 되어 바람에 불려 간곳이 없었고 우상을 친 돌은 태산을 이루어 온 세계에 가득하였었나이다

슥 4:7 큰 산아 네가 무엇이냐 네가 스룹바벨 앞에서 평지가 되리라 그가 머릿돌을 내어 놓을 때에 무리가 외치기를 은총, 은총이 그에게 있을찌어다 하리라 하셨고

237 페이지

10절

계 12:3 하늘에 또 다른 이적이 보이니 보라 한 큰 붉은 용이 있어 머리가 일곱이요 뿔이 열이라 그 여러 머리에 일곱 왕관이 있는데

238 페이지

13절

계 16:2 첫째가 가서 그 대접을 땅에 쏟으매 악하고 독한 헌데가 짐승의 표를 받은 사람들과 그 우상에게 경배하는 자들에게 나더라

14절

계 19:9 천사가 내게 말하기를 기록하라 어린 양의 혼인 잔치에 청함을 입은 자들이 복이 있도다 하고 또 내게 말하되 이것은 하나님의 참되신 말씀이라 하기로

눅 17:25 그러나 그가 먼저 많은 고난을 받으며 이 세대에게 버린바 되어야 할찌니라

239 페이지

16절

마 12:26 사단이 만일 사단을 쫓아내면 스스로 분쟁하는 것이니 그리하고야 저의 나라가 어떻게 서겠느냐

243 페이지

17절

렘 25:9 보라 내가 보내어 북방 모든 족속과 내 종 바벨론 왕 느부갓네살을 불러다가 이 땅과 그 거민과 사방 모든 나라를 쳐서 진멸하여 그들로 놀

램과 치소거리가 되게 하며 땅으로 영영한 황무지가 되게 할 것이라

10 내가 그들 중에서 기뻐하는 소리와 즐거워하는 소리와 신랑의 소리와
신부의 소리와 맷돌소리와 등불 빛이 끊쳐지게 하리니

11 이 온 땅이 황폐하여 놀램이 될 것이며 이 나라들은 칠십년 동안 바벨
론 왕을 섬기리라

12 나 여호와가 말하노라 칠십년이 마치면 내가 바벨론 왕과 그 나라와
갈대아인의 땅을 그 죄악으로 인하여 벌하여 영영히 황무케 하되

13 내가 그 땅에 대하여 선고한바 곧 예레미야가 열방에 대하여 예언하고
이 책에 기록한 나의 모든 말을 그 땅에 임하게 하리니

14 여러 나라와 큰 왕들이 그들로 자기 역군을 삼으리라 내가 그들의 행
위와 그들의 손의 행한대로 보응하리라 하시니라

눅 20:18 무릇 이 돌 위에 떨어지는 자는 깨어지겠고 이 돌이 사람 위에 떨어지면 저로 가루를 만들어 흩으리라 하시니라

246 페이지

18장 1절

계 17:14 저희가 어린 양으로 더불어 싸우려니와 어린 양은 만주의 주시요 만왕의 왕이시므로 저희를 이기실터이요 또 그와 함께 있는 자들 곧 부르심을 입고 빼내심을 얻고 진실한 자들은 이기리로다

계 19:11 또 내가 하늘이 열린 것을 보니 보라 백마와 탄 자가 있으니 그 이름은 충신과 진실이라 그가 공의로 심판하며 싸우더라

2절

계 14:8 또 다른 천사 곧 둘째가 그 뒤를 따라 말하되 무너졌도다 무너졌도다 큰 성 바벨론이여 모든 나라를 그 음행으로 인하여 진노의 포도주로 먹이던 자로다 하더라

창 15:11 솔개가 그 사체 위에 내릴 때에는 아브람이 쫓았더라

250 페이지

21절

렘 51:63 너는 이 책 읽기를 다한 후에 책에 돌을 매어 유브라데 하수 속에 던지며

64 말하기를 바벨론이 나의 재앙 내림을 인하여 이같이 침륜하고 다시 일어나지 못하리니 그들이 쇠패하리라 하라 하니라 예레미야의 말이 이에 마치니라

251 페이지

24절

계 19:1 이 일 후에 내가 들으니 하늘에 허다한 무리의 큰 음성 같은 것이 있어 가로되 할렐루야 구원과 영광과 능력이 우리 하나님께 있도다

2 그의 심판은 참되고 의로운지라 음행으로 땅을 더럽게 한 큰 음녀를 심판하사 자기 종들의 피를 그의 손에 갚으셨도다 하고

마 23:25 화 있을찐저 외식하는 서기관들과 바리새인들이여 잔과 대접의 겉은 깨끗이 하되 그 안에는 탐욕과 방탕으로 가득하게 하는도다

253 페이지

19장

개요

계 19:17 또 내가 보니 한 천사가 해에 서서 공중에 나는 모든 새를 향하여 큰 음성으로 외쳐 가로되 와서 하나님의 큰 잔치에 모여

18 왕들의 고기와 장군들의 고기와 장사들의 고기와 말들과 그 탄 자들의 고기와 자유한 자들이나 종들이나 무론대소하고 모든 자의 고기를 먹으라 하더라

19 또 내가 보매 그 짐승과 땅의 임금들과 그 군대들이 모여 그 말 탄 자와 그의 군대로 더불어 전쟁을 일으키다가

20 짐승이 잡히고 그 앞에서 이적을 행하던 거짓 선지자도 함께 잡혔으니 이는 짐승의 표를 받고 그의 우상에게 경배하던 자들을 이적으로 미혹하던 자라 이 둘이 산채로 유황불 붙는 못에 던지우고

21 그 나머지는 말 탄 자의 입으로 나오는 검에 죽으매 모든 새가 그 고기로 배불리우더라

256 페이지

1절

계 6:10 큰 소리로 불러 가로되 거룩하고 참되신 대주재여 땅에 거하는 자들을 심판하여 우리 피를 신원하여 주지 아니하시기를 어느 때까지 하시려나이까 하니

258 페이지

2절

겔 18:30 나 주 여호와가 말하노라 이스라엘 족속아 내가 너희 각 사람의 행한대로 국문할찌라 너희는 돌이켜 회개하고 모든 죄에서 떠날찌어다 그리한즉 죄악이 너희를 패망케 아니하리라

마 16:27 인자가 아버지의 영광으로 그 천사들과 함께 오리니 그 때에 각 사람의 행한대로 갚으리라

롬 2:6 하나님께서 각 사람에게 그 행한대로 보응하시되

계 18:6 그가 준 그대로 그에게 주고 그의 행위대로 갑절을 갚아주고 그의 섞은 잔에도 갑절이나 섞어 그에게 주라

3절

창 1:28 하나님이 그들에게 복을 주시며 그들에게 이르시되 생육하고 번성하여 땅에 충만하라, 땅을 정복하라, 바다의 고기와 공중의 새와 땅에 움직이는 모든 생물을 다스리라 하시니라

시 141:2 나의 기도가 주의 앞에 분향함과 같이 되며 나의 손 드는 것이 저녁 제사 같이 되게 하소서

계 8:4 향연이 성도의 기도와 함께 천사의 손으로부터 하나님 앞으로 올라가는지라

계 9:2 저가 무저갱을 여니 그 구멍에서 큰 풀무의 연기 같은 연기가 올라오매 해와 공기가 그 구멍의 연기로 인하여 어두워지며

계 14:11 그 고난의 연기가 세세토록 올라가리로다 짐승과 그의 우상에게 경배하고 그 이름의 표를 받는 자는 누구든지 밤낮 쉼을 얻지 못하리라 하더라

259 페이지

4절

계 4:4 또 보좌에 둘려 이십 사 보좌들이 있고 그 보좌들 위에 이십 사 장로들이 흰 옷을 입고 머리에 금 면류관을 쓰고 앉았더라

계 4:7 그 첫째 생물은 사자 같고 그 둘째 생물은 송아지 같고 그 세째 생물은 얼굴이 사람 같고 그 네째 생물은 날아가는 독수리 같은데

요 17:3 영생은 곧 유일하신 참 하나님과 그의 보내신 자 예수 그리스도를 아는 것이니이다

요일 5:20 또 아는 것은 하나님의 아들이 이르러 우리에게 지각을 주사 우리로 참된 자를 알게 하신 것과 또한 우리가 참된 자 곧 그의 아들 예수 그리스도 안에 있는 것이니 그는 참 하나님이시요 영생이시라

렘 10:10 오직 여호와는 참 하나님이시요 사시는 하나님이시요 영원한 왕이시라 그 진노하심에 땅이 진동하며 그 분노하심을 열방이 능히 당치 못하느니라

마 18:18 진실로 너희에게 이르노니 무엇이든지 너희가 땅에서 매면 하늘에서도 매일 것이요 무엇이든지 땅에서 풀면 하늘에서도 풀리리라

260 페이지

6절

시 146:10 시온아 여호와 네 하나님은 영원히 대대에 통치하시리로다 할렐루야

261 페이지

7절

호 2:16 여호와께서 이르시되 그 날에 네가 나를 내 남편이라 일컫고 다시는 내 바알이라 일컫지 아니하리라

17 내가 바알들의 이름을 저의 입에서 제하여 다시는 그 이름을 기억하여 일컬음이 없게 하리라

18 그 날에는 내가 저희를 위하여 들짐승과 공중의 새와 땅의 곤충으로 더불어 언약을 세우며 또 이 땅에서 활과 칼을 꺾어 전쟁을 없이 하고 저희로 평안히 눕게 하리라

19 내가 네게 장가들어 영원히 살되 의와 공변됨과 은총과 긍휼히 여김으로 네게 장가들며

20 진실함으로 네게 장가들리니 네가 여호와를 알리라

전 7:28 내 마음에 찾아도 아직 얻지 못한 것이 이것이라 일천 남자 중에서 하나를 얻었거니와 일천 여인 중에서는 하나도 얻지 못하였느니라

창 2:24 이러므로 남자가 부모를 떠나 그의 아내와 합하여 둘이 한 몸을 이룰지로다

262 페이지

8절

잠 20:1 포도주는 거만케 하는 것이요 독주는 떠들게 하는 것이라 무릇 이에 미혹되는 자에게는 지혜가 없느니라

2 왕의 진노는 사자의 부르짖음 같으니 그를 노하게 하는 것은 자기의 생
명을 해하는 것이니라

3 다툼을 멀리 하는 것이 사람에게 영광이어늘 미련한 자마다 다툼을 일
으키느니라

4 게으른 자는 가을에 밭 갈지 아니하나니 그러므로 거둘 때에는 구걸할
찌라도 얻지 못하리라

5 사람의 마음에 있는 모략은 깊은 물 같으니라 그럴찌라도 명철한 사람
은 그것을 길어 내느니라

6 많은 사람은 각기 자기의 인자함을 자랑하나니 충성된 자를 누가 만날
수 있으랴

마 25:1 그때에 천국은 마치 등을 들고 신랑을 맞으러 나간 열 처녀와 같
다 하리니

2 그 중에 다섯은 미련하고 다섯은 슬기 있는지라

3 미련한 자들은 등을 가지되 기름을 가지지 아니하고

4 슬기 있는 자들은 그릇에 기름을 담아 등과 함께 가져갔더니

5 신랑이 더디 오므로 다 졸며 잘쌔

6 밤중에 소리가 나되 보라 신랑이로다 맞으러 나오라 하매

7 이에 그 처녀들이 다 일어나 등을 준비할쌔

8 미련한 자들이 슬기 있는 자들에게 이르되 우리 등불이 꺼져가니 너희
기름을 좀 나눠 달라 하거늘

9 슬기 있는 자들이 대답하여 가로되 우리와 너희의 쓰기에 다 부족할까
하노니 차라리 파는 자들에게 가서 너희 쓸 것을 사라 하니

10 저희가 사러 간 동안에 신랑이 오므로 예비하였던 자들은 함께 혼인
잔치에 들어가고 문은 닫힌지라

9절

계 17:14 저희가 어린 양으로 더불어 싸우려니와 어린 양은 만주의 주시
요 만왕의 왕이시므로 저희를 이기실터이요 또 그와 함께 있는 자들 곧 부
르심을 입고 빼내심을 얻고 진실한 자들은 이기리로다

263 페이지

10절

히 1:4 저가 천사보다 얼마큼 뛰어남은 저희보다 더욱 아름다운 이름을
기업으로 얻으심이니

264 페이지

11절

계 17:10 또 일곱 왕이라 다섯은 망하였고 하나는 있고 다른이는 아직
이르지 아니하였으나 이르면 반드시 잠간 동안 계속하리라

11 전에 있었다가 시방 없어진 짐승은 여덟째 왕이니 일곱 중에 속한 자
라 저가 멸망으로 들어가리라

12절

계 2:18 두아디라 교회의 사자에게 편지하기를 그 눈이 불꽃 같고 그 발
이 빛난 주석과 같은 하나님의 아들이 가라사대

눅 19:41 가까이 오사 성을 보시고 우시며

13절

계 1:5 또 충성된 증인으로 죽은 자들 가운데서 먼저 나시고 땅의 임금들의 머리가 되신 예수 그리스도로 말미암아 은혜와 평강이 너희에게 있기를 원하노라 우리를 사랑하사 그의 피로 우리 죄에서 우리를 해방하시고

계 5:9 새 노래를 노래하여 가로되 책을 가지시고 그 인봉을 떼기에 합당하시도다 일찍 죽임을 당하사 각 족속과 방언과 백성과 나라 가운데서 사람들을 피로 사서 하나님께 드리시고

계 7:14 내가 가로되 내 주여 당신이 알리이다 하니 그가 나더러 이르되 이는 큰 환난에서 나오는 자들인데 어린양의 피에 그 옷을 씻어 희게 하였느니라

계 12:11 또 여러 형제가 어린 양의 피와 자기의 증거하는 말을 인하여 저를 이기었으니 그들은 죽기까지 자기 생명을 아끼지 아니하였도다

히 9:11 그리스도께서 장래 좋은 일의 대제사장으로 오사 손으로 짓지 아니한 곧 이 창조에 속하지 아니한 더 크고 온전한 장막으로 말미암아

265 페이지

15절

계 12:5 여자가 아들을 낳으니 이는 장차 철장으로 만국을 다스릴 남자라 그 아이를 하나님 앞과 그 보좌 앞으로 올려가더라

시 2:9 네가 철장으로 저희를 깨뜨림이여 질그릇 같이 부수리라 하시도다

계 14:19 천사가 낫을 땅에 휘둘러 땅의 포도를 거두어 하나님의 진노의

큰 포도주 틀에 던지매

사 63:1 에돔에서 오며 홍의를 입고 보스라에서 오는 자가 누구뇨 그 화
려한 의복 큰 능력으로 걷는 자가 누구뇨 그는 내니 의를 말하는 자요 구원
하기에 능한 자니라

2 어찌하여 네 의복이 붉으며 네 옷이 포도즙 틀을 밟는 자 같으뇨

3 만민 중에 나와 함께한 자가 없이 내가 홀로 포도즙틀을 밟았는데 내가
노함을 인하여 무리를 밟았고 분함을 인하여 짓밟았으므로 그들의 선혈이
내 옷에 뛰어 내 의복을 다 더럽혔음이니

4 이는 내 원수 갚는 날이 내 마음에 있고 내 구속할 해가 왔으나

5 내가 본즉 도와주는 자도 없고 붙들어 주는 자도 없으므로 이상히 여겨
내 팔이 나를 구원하며 내 분이 나를 붙들었음이라

6 내가 노함을 인하여 만민을 밟았으며 내가 분함을 인하여 그들을 취케
하고 그들의 선혈로 땅에 쏟아지게 하였느니라

16절

계 20:8 나와서 땅의 사방 백성 곧 곡과 마곡을 미혹하고 모아 싸움을 붙
이리니 그 수가 바다 모래 같으리라

계 16:16 세 영이 히브리 음으로 아마겟돈이라 하는 곳으로 왕들을 모으더라

17절

시 84:11 여호와 하나님은 해요 방패시라 여호와께서 은혜와 영화를 주
시며 정직히 행하는 자에게 좋은 것을 아끼지 아니하실 것임이니이다

말 4:2 내 이름을 경외하는 너희에게는 의로운 해가 떠올라서 치료하는
광선을 발하리니 너희가 나가서 외양간에서 나온 송아지 같이 뛰리라

266 페이지

레 11:13 새 중에 너희가 가증히 여길 것은 이것이라 이것들이 가증한즉 먹지 말찌니 곧 독수리와 솔개와 어응과

신 14:11 무릇 정한 새는 너희가 먹으려니와

계 18:2 힘센 음성으로 외쳐 가로되 무너졌도다 무너졌도다 큰 성 바벨론이여 귀신의 처소와 각종 더러운 영의 모이는 곳과 각종 더럽고 가증한 새의 모이는 곳이 되었도다

마 13:32 이는 모든 씨보다 작은 것이로되 자란 후에는 나물보다 커서 나무가 되매 공중의 새들이 와서 그 가지에 깃들이느니라

시 104:12 공중의 새들이 그 가에서 깃들이며 나무가지 사이에서 소리를 발하는도다

18절

왕상 21:23 이세벨에게 대하여도 여호와께서 말씀하여 가라사대 개들이 이스르엘 성 곁에서 이세벨을 먹을찌라

왕하 9:7 너는 네 주 아합의 집을 치라 내가 나의 종 곧 선지자들의 피와 여호와의 종들의 피를 이세벨에게 갚아주리라

19절

계 16:11 아픈 것과 종기로 인하여 하늘의 하나님을 훼방하고 저희 행위를 회개치 아니하더라

267 페이지

21절

요 5:22 아버지께서 아무도 심판하지 아니하시고 심판을 다 아들에게 맡기셨으니

요 12:47 사람이 내 말을 듣고 지키지 아니할찌라도 내가 저를 심판하지 아니하노라 내가 온 것은 세상을 심판하려 함이 아니요 세상을 구원하려 함이로라

롬 9:1 내가 그리스도 안에서 참말을 하고 거짓말을 아니하노라 내게 큰 근심이 있는 것과 마음에 그치지 않는 고통이 있는 것을 내 양심이 성령 안에서 나로 더불어 증거하노니

벧전 3:21 물은 예수 그리스도의 부활하심으로 말미암아 이제 너희를 구원하는 표니 곧 세례라 육체의 더러운 것을 제하여 버림이 아니요 오직 선한 양심이 하나님을 향하여 찾아가는 것이라

행 23:1 바울이 공회를 주목하여 가로되 여러분 형제들아 오늘날까지 내가 범사에 양심을 따라 하나님을 섬겼노라 하거늘

269 페이지

20장

개요

계 20:4 또 내가 보좌들을 보니 거기 앉은 자들이 있어 심판하는 권세를 받았더라 또 내가 보니 예수의 증거와 하나님의 말씀을 인하여 목 베임을

받은 자의 영혼들과 또 짐승과 그의 우상에게 경배하지도 아니하고 이마와
손에 그의 표를 받지도 아니한 자들이 살아서 그리스도로 더불어 천년 동안
왕노릇 하니

5 (그 나머지 죽은 자들은 그 천년이 차기까지 살지 못하더라) 이는 첫째
부활이라

6 이 첫째 부활에 참예하는 자들은 복이 있고 거룩하도다 둘째 사망이 그
들을 다스리는 권세가 없고 도리어 그들이 하나님과 그리스도의 제사장이
되어 천년 동안 그리스도로 더불어 왕노릇 하리라

계 12:9 큰 용이 내어 쫓기니 옛 뱀 곧 마귀라고도 하고 사단이라고도 하는 온 천하를 꾀는 자라 땅으로 내어 쫓기니 그의 사자들도 저와 함께 내어 쫓기니라

계 20:7 천년이 차매 사단이 그 옥에서 놓여

8 나와서 땅의 사방 백성 곧 곡과 마곡을 미혹하고 모아 싸움을 붙이리니
그 수가 바다 모래 같으리라

9 저희가 지면에 널리 퍼져 성도들의 진과 사랑하시는 성을 두르매 하늘
에서 불이 내려와 저희를 소멸하고

10 또 저희를 미혹하는 마귀가 불과 유황 못에 던지우니 거기는 그 짐승
과 거짓 선지자도 있어 세세토록 밤낮 괴로움을 받으리라

271 페이지

3절

계 11:18 이방들이 분노하매 주의 진노가 임하여 죽은 자를 심판하시며

종 선지자들과 성도들과 또 무론대소하고 주의 이름을 경외하는 자들에게 상 주시며 또 땅을 망하게 하는 자들을 멸망시키실 때로소이다 하더라

계 11:5 만일 누구든지 저희를 해하고자 한즉 저희 입에서 불이 나서 그 원수를 소멸할찌니 누구든지 해하려 하면 반드시 이와 같이 죽임을 당하리라

계 13:5 또 짐승이 큰 말과 참람된 말 하는 입을 받고 또 마흔 두달 일할 권세를 받으니라

계 7:3 이르되 우리가 우리 하나님의 종들의 이마에 인치기까지 땅이나 바다나 나무들을 해하지 말라 하더라

272 페이지

4절

마 17:2 그들 앞에서 변형되사 그 얼굴이 해 같이 빛나며 옷이 빛과 같이 희어졌더라

273 페이지

5절

요 5:28 이를 놀랍게 여기지 말라 무덤 속에 있는 자가 다 그의 음성을 들을 때가 오나니

29 선한 일을 행한 자는 생명의 부활로, 악한 일을 행한 자는 심판의 부활로 나오리라

살전 4:14 우리가 예수께서 죽으셨다가 다시 살아나심을 믿을진대 이와

같이 예수 안에서 자는 자들도 하나님이 그와 함께 데리고 오시리라

15 우리가 주의 말씀으로 너희에게 이것을 말하노니 주께서 강림하실 때
까지 우리 살아 남아 있는 자도 자는 자보다 결코 앞서지 못하리라

6절

계 1:6 그 아버지 하나님을 위하여 우리를 나라와 제사장으로 삼으신 그에게 영광과 능력이 세세토록 있기를 원하노라 아멘

계 5:10 저희로 우리 하나님 앞에서 나라와 제사장을 삼으셨으니 저희가 땅에서 왕노릇하리로다 하더라

274 페이지

사탄의 패망

계 1:18 곧 산 자라 내가 전에 죽었었노라 볼찌어다 이제 세세토록 살아 있어 사망과 음부의 열쇠를 가졌노니

8절

마 16:19 내가 천국 열쇠를 네게 주리니 네가 땅에서 무엇이든지 매면 하늘에서도 매일 것이요 네가 땅에서 무엇이든지 풀면 하늘에서도 풀리리라 하시고

275 페이지

10절

계 19:20 짐승이 잡히고 그 앞에서 이적을 행하던 거짓 선지자도 함께

잡혔으니 이는 짐승의 표를 받고 그의 우상에게 경배하던 자들을 이적으로 미혹하던 자라 이 둘이 산채로 유황불 붙는 못에 던지우고

276 페이지

11절

히 9:27 한번 죽는 것은 사람에게 정하신 것이요 그 후에는 심판이 있으리니

마 23:33 뱀들아 독사의 새끼들아 너희가 어떻게 지옥의 판결을 피하겠느냐

계 6:12 내가 보니 여섯째 인을 떼실 때에 큰 지진이 나며 해가 총담 같이 검어지고 온 달이 피 같이 되며

13 하늘의 별들이 무화과나무가 대풍에 흔들려 선 과실이 떨어지는것 같이 땅에 떨어지며

14 하늘은 종이 축이 말리는것 같이 떠나가고 각 산과 섬이 제 자리에서 옮기우매

12절

요 3:18 저를 믿는 자는 심판을 받지 아니하는 것이요 믿지 아니하는 자는 하나님의 독생자의 이름을 믿지 아니하므로 벌써 심판을 받은 것이니라

롬 14:10 네가 어찌하여 네 형제를 판단하느뇨 어찌하여 네 형제를 업신여기느뇨 우리가 다 하나님의 심판대 앞에 서리라

고후 5:10 이는 우리가 다 반드시 그리스도의 심판대 앞에 드러나 각각 선악간에 그 몸으로 행한 것을 따라 받으려 함이라

갈 6:7 스스로 속이지 말라 하나님은 만홀히 여김을 받지 아니하시나니 사람이 무엇으로 심든지 그대로 거두리라

15절

계 13:8 죽임을 당한 어린 양의 생명책에 창세 이후로 녹명되지 못하고 이 땅에 사는 자들은 다 짐승에게 경배하리라

계 17:8 네가 본 짐승은 전에 있었다가 시방 없으나 장차 무저갱으로부터 올라와 멸망으로 들어갈 자니 땅에 거하는 자들로서 창세 이후로 생명책에 녹명되지 못한 자들이 이전에 있었다가 시방 없으나 장차 나올 짐승을 보고 기이히 여기리라 시139:6이 지식이 내게 너무 기이하니 높아서 내가 능히 미치지 못하나이다

눅 10:20 그러나 귀신들이 너희에게 항복하는 것으로 기뻐하지 말고 너희 이름이 하늘에 기록된 것으로 기뻐하라 하시니라

빌 4:3 또 참으로 나와 멍에를 같이 한 자 네게 구하노니 복음에 나와 함께 힘쓰던 저 부녀들을 돕고 또한 글레멘드와 그 외에 나의 동역자들을 도우라 그 이름들이 생명책에 있느니라

히 12:23 하늘에 기록한 장자들의 총회와 교회와 만민의 심판자이신 하나님과 및 온전케 된 의인의 영들과

281 페이지

21장

2절

계 21:7 이기는 자는 이것들을 유업으로 얻으리라 나는 저의 하나님이

되고 그는 내 아들이 되리라

계 21:10 성령으로 나를 데리고 크고 높은 산으로 올라가 하나님께로부터 하늘에서 내려오는 거룩한 성 예루살렘을 보이니

3절

계 15:8 하나님의 영광과 능력으로 말미암아 성전에 연기가 가득 차매 일곱 천사의 일곱 재앙이 마치기까지는 성전에 능히 들어갈 자가 없더라

계 21:22 성 안에서 내가 성전을 보지 못하였으니 이는 주 하나님 곧 전능하신 이와 및 어린 양이 그 성전이심이라

렘 31:1 나 여호와가 말하노라 그 때에 내가 이스라엘 모든 가족의 하나님이 되고 그들은 내 백성이 되리라

시 82:6 내가 말하기를 너희는 신들이며 다 지존자의 아들들이라 하였으나

요 10:34 예수께서 가라사대 너희 율법에 기록한바 내가 너희를 신이라 하였노라 하지 아니하였느냐

282 페이지

7절

계 19:9 천사가 내게 말하기를 기록하라 어린 양의 혼인 잔치에 청함을 입은 자들이 복이 있도다 하고 또 내게 말하되 이것은 하나님의 참되신 말씀이라 하기로

284 페이지

14절

계 19:6 또 내가 들으니 허다한 무리의 음성도 같고 많은 물 소리도 같고
큰 뇌성도 같아서 가로되 할렐루야 주 우리 하나님 곧 전능하신 이가 통치
하시도다

15절

겔 43:10 인자야 너는 이 전을 이스라엘 족속에게 보여서 그들로 자기의
죄악을 부끄러워하고 그 형상을 측량하게 하라

11 만일 그들이 자기의 행한 모든 일을 부끄러워하거든 너는 이 전의 제
도와 식양과 그 출입하는 곳과 그 모든 형상을 보이며 또 그 모든 규례와 그
모든 법도와 그 모든 율례를 알게 하고 그 목전에 그것을 써서 그들로 그 모
든 법도와 그 모든 규례를 지켜 행하게 하라

12 전의 법은 이러하니라 산 꼭대기 지점의 주위는 지극히 거룩하리라 전
의 법은 이러하니라

13 제단의 척수는 이러하니라 (한 자는 팔꿈치에서부터 손가락에 이르고
한 손바닥 넓이가 더한 것이라) 제단 밑받침의 고가 일척이요 그 사면 가장
자리의 광이 일척이며 그 가으로 둘린 턱의 광이 한 뼘이니 이는 제단 밑받
침이요

14 이 땅에 닿은 밑받침 면에서 아랫층의 고가 이척이요 그 가장자리의
광이 일척이며 이 아랫층 면에서 이층의 고가 사척이요 그 가장자리의 광이
일척이며

15 그 번제단 윗층의 고가 사척이며 그 번제하는 바닥에서 솟은 뿔이 넷이며

16 그 번제하는 바닥의 장이 십 이척이요 광이 십 이척이니 네모 반듯하고

17 그 아랫층의 장이 십 사척이요 광이 십 사척이니 네모 반듯하고 그 밑
받침에 둘린 턱의 광이 반척이며 그 가장자리의 광이 일척이니라 그 층계는
동을 향하게 할찌니라

285 페이지

20절

출 28:11 보석을 새기는 자가 도장에 새김 같이 너는 이스라엘 아들들의 이름을 그 두 보석에 새겨 금 테에 물리고

출 39:10 그것에 네 줄 보석을 물렸으니 곧 홍보석 황옥 녹주옥이 첫 줄이요

286 페이지

22절

계 22:17 성령과 신부가 말씀하시기를 오라 하시는도다 듣는 자도 오라 할 것이요 목마른 자도 올 것이요 또 원하는 자는 값 없이 생명수를 받으라 하시더라

요 17:3 영생은 곧 유일하신 참 하나님과 그의 보내신 자 예수 그리스도를 아는 것이니이다

요일 5:20 또 아는 것은 하나님의 아들이 이르러 우리에게 지각을 주사 우리로 참된 자를 알게 하신 것과 또한 우리가 참된 자 곧 그의 아들 예수 그리스도 안에 있는 것이니 그는 참 하나님이시요 영생이시라

히 8:2 성소와 참장막에 부리는 자라 이 장막은 주께서 베푸신 것이요 사람이 한 것이 아니니라

289 페이지

22장

개요

계 22:17 성령과 신부가 말씀하시기를 오라 하시는 도다 듣는 자도 오라 할 것이요 목마른 자도 올 것이요 또 원하는

렘 31:1 나 여호와가 말하노라 그 때에 내가 이스라엘 모든 가족의 하나님이 되고 그들은 내 백성이 되리라

계 22:7 보라 내가 속히 오리니 이 책의 예언의 말씀을 지키는 자가 복이 있으리라 하더라

계 22:10 또 내게 말하되 이 책의 예언의 말씀을 인봉하지 마라 때가 가까우니라

계 22:20 이것들을 증거하신 이가 가라사대 내가 진실로 속히 오리라 하시거늘 아멘 주 예수여 오시옵소서

290 페이지

1절

요 4:14 내가 주는 물을 먹는 자는 영원히 목마르지 아니하리니 나의 주는 물은 그 속에서 영생하도록 솟아나는 샘물이 되리라

요 7:38 나를 믿는 자는 성경에 이름과 같이 그 배에서 생수의 강이 흘러
나리라 하시니

렘 2:13 내 백성이 두가지 악을 행하였나니 곧 생수의 근원되는 나를 버
린 것과 스스로 웅덩이를 판 것인데 그것은 물을 저축지 못할 터진 웅덩이
니라

겔 47:1 그가 나를 데리고 전 문에 이르시니 전의 전면이 동을 향하였는
데 그 문지방 밑에서 물이 나와서 동으로 흐르다가 전 우편 제단 남편으로
흘러 내리더라

2 그가 또 나를 데리고 북문으로 나가서 바깥 길로 말미암아 꺾여 동향한
바깥 문에 이르시기로 본즉 물이 그 우편에서 스미어 나오더라

3 그 사람이 손에 줄을 잡고 동으로 나아가며 일천척을 척량한 후에 나로
그 물을 건너게 하시니 물이 발목에 오르더니

4 다시 일천척을 척량하고 나로 물을 건너게 하시니 물이 무릎에 오르고
다시 일천척을 척량하고 나로 물을 건너게 하시니 물이 허리에 오르고

5 다시 일천척을 척량하시니 물이 내가 건너지 못할 강이 된지라 그 물이
창일하여 헤엄할 물이요 사람이 능히 건너지 못할 강이더라

6 그가 내게 이르시되 인자야 네가 이것을 보았느냐 하시고 나를 인도하
여 강 가로 돌아가게 하시기로

7 내가 돌아간즉 강 좌우편에 나무가 심히 많더라

8 그가 내게 이르시되 이 물이 동방으로 향하여 흘러 아라바로 내려가서
바다에 이르리니 이 흘러 내리는 물로 그 바다의 물이 소성함을 얻을찌라

9 이 강물이 이르는 곳마다 번성하는 모든 생물이 살고 또 고기가 심히 많
으리니 이 물이 흘러 들어 가므로 바닷물이 소성함을 얻겠고 이 강이 이르

는 각처에 모든 것이 살 것이며

10 또 이 강 가에 어부가 설 것이니 엔게디에서부터 에네글라임까지 그물
치는 곳이 될 것이라 그 고기가 각기 종류를 따라 큰 바다의 고기 같이 심히
많으려니와

11 그 진펄과 개펄은 소성되지 못하고 소금 땅이 될 것이며

12 강 좌우 가에는 각종 먹을 실과나무가 자라서 그 잎이 시들지 아니하
며 실과가 끊치지 아니하고 달마다 새 실과를 맺으리니 그 물이 성소로 말
미암아 나옴이라 그 실과는 먹을 만하고 그 잎사귀는 약 재료가 되리라

292 페이지

3절

히 1:14 모든 천사들은 부리는 영으로서 구원 얻을 후사들을 위하여 섬기라고 보내심이 아니뇨

시 103:21 여호와를 봉사하여 그 뜻을 행하는 너희 모든 천군이여 여호와를 송축하라

계 19:10 내가 그 발 앞에 엎드려 경배하려 하니 그가 나더러 말하기를 나는 너와 및 예수의 증거를 받은 네 형제들과 같이 된 종이니 삼가 그리하지 말고 오직 하나님께 경배하라 예수의 증거는 대언의 영이라 하더라

계 22:8 이것들을 보고 들은 자는 나 요한이니 내가 듣고 볼 때에 이 일을 내게 보이던 천사의 발앞에 경배하려고 엎드렸더니

9 저가 내게 말하기를 나는 너와 네 형제 신지자들과 또 이 책의 말을 지
키는 자들과 함께 된 종이니 그리하지 말고 오직 하나님께 경배하라 하더라

4절

출 33:20 또 가라사대 네가 내 얼굴을 보지 못하리니 나를 보고 살 자가 없음이니라

마 5:8 마음이 청결한 자는 복이 있나니 저희가 하나님을 볼 것임이요

히 12:14 모든 사람으로 더불어 화평함과 거룩함을 좇으라 이것이 없이는 아무도 주를 보지 못하리라

고전 13:12 우리가 이제는 거울로 보는것 같이 희미하나 그 때에는 얼굴과 얼굴을 대하여 볼 것이요 이제는 내가 부분적으로 아나 그 때에는 주께서 나를 아신 것 같이 내가 온전히 알리라

294 페이지

9절

히 1:14 모든 천사들은 부리는 영으로서 구원 얻을 후사들을 위하여 섬기라고 보내심이 아니뇨

10절

단 12:9 그가 가로되 다니엘아 갈찌어다 대저 이 말은 마지막 때까지 간수하고 봉함할 것임이니라

계 10:4 일곱 우뢰가 발할 때에 내가 기록하려고 하다가 곧 들으니 하늘에서 소리나서 말하기를 일곱 우뢰가 발한 것을 인봉하고 기록하지 말라 하더라

단 8:26 이미 말한바 주야에 대한 이상이 확실하니 너는 그 이상을 간수하라 이는 여러 날 후의 일임이니라

295 페이지

12절

계 1:1 예수 그리스도의 계시라 이는 하나님이 그에게 주사 반드시 속히 일어날 일들을 그 종들에게 보이시려고 그의 천사를 그 종 요한에게 보내어 알게 하신 것이라

13절

계 1:8 주 하나님이 가라사대 나는 알파와 오메가라 이제도 있고 전에도 있었고 장차 올 자요 전능한 자라 하시더라

계 1:17 내가 볼 때에 그 발 앞에 엎드러져 죽은 자 같이 되매 그가 오른 손을 내게 얹고 가라사대 두려워 말라 나는 처음이요 나중이니

계22:13나는 알파와 오메가요 처음과 나중이요 시작 끝이라

296 페이지

14절

계 22:13 나는 알파와 오메가요 처음과 나중이요 시작 끝이라

창 3:24 이같이 하나님이 그 사람을 쫓아 내시고 에덴동산 동편에 그룹들과 두루도는 화염검을 두어 생명나무의 길을 지키게 하시니라

요 3:3 예수께서 대답하여 가라사대 진실로 진실로 네게 이르노니 사람이 거듭나지 아니하면 하나님 나라를 볼수 없느니라

4 니고데모가 가로되 사람이 늙으면 어떻게 날 수 있삽나이까 두번째 모태에 들어갔다가 날 수 있삽나이까

5 예수께서 대답하시되 진실로 진실로 네게 이르노니 사람이 물과 성령
으로 나지 아니하면 하나님 나라에 들어갈 수 없느니라

계 7:9 이 일 후에 내가 보니 각 나라와 족속과 백성과 방언에서 아무도 능히 셀 수 없는 큰 무리가 나와 흰 옷을 입고 손에 종려 가지를 들고 보좌 앞과 어린 양 앞에 서서

297 페이지

15절

계 21:8 그러나 두려워하는 자들과 믿지 아니하는 자들과 흉악한 자들과 살인자들과 행음자들과 술객들과 우상 숭배자들과 모든 거짓말 하는 자들은 불과 유황으로 타는 못에 참예하리니 이것이 둘째 사망이라

계 21:27 무엇이든지 속된 것이나 가증한 일 또는 거짓말 하는 자는 결코 그리로 들어오지 못하되 오직 어린 양의 생명책에 기록된 자들뿐이라

마 7:6 거룩한 것을 개에게 주지 말며 너희 진주를 돼지 앞에 던지지 말라 저희가 그것을 발로 밟고 돌이켜 너희를 찢어 상할까 염려하라

빌 3:2 개들을 삼가고 행악하는 자들을 삼가고 손할례당을 삼가라

벧후 2:22 참 속담에 이르기를 개가 그 토하였던 것에 돌아가고 돼지가 씻었다가 더러운 구덩이에 도로 누웠다 하는 말이 저희에게 응하였도다

298 페이지

17절

창 1:28 하나님이 그들에게 복을 주시며 그들에게 이르시되 생육하고 번성하여 땅에 충만하라, 땅을 정복하라, 바다의 고기와 공중의 새와 땅에 움직이는 모든 생물을 다스리라 하시니라

300 페이지

계 22:10 또 내게 말하되 이 책의 예언의 말씀을 인봉하지 마라 때가 가까우니라

계 22:20 이것들을 증거하신 이가 가라사대 내가 진실로 속히 오리라 하시거늘 아멘 주 예수여 오시옵소서

성구 해설
요한계시록

초판 1쇄 인쇄일 | 2020년 5월 11일
초판 1쇄 발행일 | 2020년 5월 15일

지은이 | 윤경환
펴낸이 | 한선희
편집/디자인 | 우정민 우민지
마케팅 | 정찬용 김보선
영업관리 | 정진이
책임편집 | 정구형
펴낸곳 | 국학자료원 새미(주)
등록일 2005 03 15 제25100200500008호
경기도 고양시 일산동구 중앙로 1261번길 79 하이베라스 405호
Tel 02 442 4623 Fax 02 6499 3082
www.kookhak.co.kr
kookhak2001@hanmail.net

ISBN | 979-11-90476-48-5 *03230
가격 | 10,000원

* 이 도서의 국립중앙도서관 출판예정도서목록은 서지정보유통지원시스템 홈페이지(http://seoji.nl.go.kr)와 국가자료공동목록시스템(http://www.nl.go.kr/kolisnet)에서 이용하실 수 있습니다.